Alfred Lichtwark

Hamburg

Niedersachsen

Alfred Lichtwark

Hamburg
Niedersachsen

ISBN/EAN: 9783741102356

Hergestellt in Europa, USA, Kanada, Australien, Japan

Cover: Foto ©Lupo / pixelio.de

Manufactured and distributed by brebook publishing software
(www.brebook.com)

Alfred Lichtwark

Hamburg

HAMBURG

NIEDERSACHSEN

SCHRIFTEN VON ALFRED LICHTWARK

Schongauer, Dürer, Rembrandt (gemeinschaftlich mit J. Janitsch) Berlin, Grote'sche Verlagsbuchhandlung, 1885.

Der Ornamentstich der deutschen Frührenaissance. Berlin, Weidmann'sche Verlagsbuchhandlung, 1887.

Zur Organisation der Kunsthalle — die Kunst in der Schule. Hamburg, Otto Meissner, 1887.

Die innere Ausstattung des Hamburger Rathauses. Hamburg, Otto Meissner, 1891.

Hermann Kauffmann und die Kunst in Hamburg. München, Verlagsanstalt F. Bruckmann A.-G., 1892.

Makartbouquet und Blumenstrauss. München, Verlagsanstalt F. Bruckmann A.-G., 1894.

Wege und Ziele des Dilettantismus. München, Verlagsanstalt F. Bruckmann A.-G., 1894.

Die Bedeutung der Amateurphotographie. Halle a/Saale, W. Knapp, 1894.

Blumenkultus — Wilde Blumen. Dresden, Gerhard Kühtmann, 1897.

Vom Arbeitsfelde des Dilettantismus. Dresden, Gerhard Kühtmann, 1897.

Die Wiedererweckung der Medaille. Dresden, Gerhard Kühtmann, 1897.

Berlin, München (Städtestudien). Dresden, Gerhard Kühtmann, 1897.

Hamburg — Niedersachsen (Städtestudien). Dresden, Gerhard Kühtmann, 1897.

Verzeichnis der neueren Meister der Kunsthalle — Geschichte und Organisation des Instituts. Hamburg, Lütcke & Wulff, 1897.

Die Sammlung von Bildern aus Hamburg. 65 Abbildungen. Hamburg, Lütcke & Wulff, 1897.

Hamburgische Künstler des 19. Jahrhunderts. 60 Abbildungen. Hamburg, Lütcke & Wulff, 1897 (in Vorbereitung).

Als Manuskript gedruckt

für die Kreise der Kunsthalle:

Ph. O. Runge's Pflanzenstudien. Hamburgische Liebhaberbibliothek 1895.

Vermischte Aufsätze. Hamburg 1895.

Studien. 1. Band, Hamburg 1896. 2. Band, Hamburg 1897. Hamburgische Liebhaberbibliothek.

Briefe an die Kommission für die Verwaltung der Kunsthalle. 1. Band 1891—1892. — 2. Band 1893. — 3. Band 1894—1895.

Die Betrachtung von Kunstwerken. Mit 16 Tafeln. Hamburg 1897. Herausgegeben von der Lehrervereinigung zur Pflege der künstlerischen Bildung.

ALFRED LICHTWARK

HAMBURG

NIEDERSACHSEN

DRESDEN

VERLAG VON GERHARD KÜHTMANN

1897

STÄDTESTUDIEN

INHALTSVERZEICHNIS

VORWORT

Erst nach der Drucklegung der beiden hier zusammengestellten Aufsätze, die zuerst im Pan erschienen sind, lernte ich Gildemeisters inhaltreiche Rede auf Bürgermeister Johann Smidt von Bremen kennen (Essays, 2. Band). Obschon sie an der Hand der Charakteristik des grossen hanseatischen Staatsmannes zunächst bremische Dinge beleuchtet, hat sie für den, der die Probleme der wundersamen Geschichte der Hansestädte in unserem Jahrhundert kennen lernen will, die grösste Wichtigkeit, und ich wüsste keinen besseren Weg, eine Anschauung von dem geschichtlichen Wesen der modernen Hansestädte zu bekommen, als die Vertiefung in dieses knappe Werk. — Die Studie über Hamburg ist für den Wiederabdruck in verschiedenen Abschnitten überarbeitet und erweitert.

A. L.

... Aber will jemand es bestreiten, dass die Macht des deutschen Handels und der deutschen Industrie, welche sich nunmehr stark genug zeigt, um die Gesetzgebung und die Verwaltung nach den Bedürfnissen des Verkehrs zu lenken, solche Stärke gewonnen hätte, ohne die Impulse, welche fünfzig Jahre lang unablässig von den Hansestädten ausgingen, ohne den Sporn ihres Beispiels, ohne den Neid, den ihre Freiheit — mit Recht — erweckte, ohne die Hülfe ihrer Kapitalkraft, ohne jenen Kranz kaufmännischer Kolonien, mit welchen sie alle Küsten der Erde umsäumten?

Gildemeister,
Rede auf Johann Smidt.

EINLEITUNG: NIEDERSACHSEN

— 1895 —

Der preussische Gesandte bei den Hansestädten
und den Höfen Mecklenburg und Oldenburg hat
seinen Sitz in Hamburg, was zugleich die zentrale
Lage und die wirtschaftliche und soziale Bedeutung
der jüngst entwickelten unter den drei letzten Hansestädten beleuchtet. In der That bildet Hamburg
noch heute in mancher Beziehung den Mittelpunkt
für das ganze Gebiet, den es im vergangenen Jahrhundert, wo es kulturell wohl die erste Stadt
Deutschlands war, für einen noch weiteren Um-
kreis ausgemacht hat.

Trotz grosser Selbständigkeit der einzelnen Pro-
vinzen hat dieser diplomatisch zusammengelegte
Nordwest doch einen einheitlichen Charakter so-
wohl durch die Gleichartigkeit des Volkstums wie
durch die verwandten sozialen Charakterzüge.

Überall liegt das niedersächsische Volkstum zu
Grunde. Doch wird es an den drei äusseren Enden
im Osten, Westen und Norden durch fremde Einflüsse deutlich gefärbt. Im Osten, in Mecklenburg,
das durch die Niedersachsen kultiviert und dem

plattdeutschen Sprachgebiet gewonnen wurde, spürt
man die Beimischung westslavischen Blutes. Der
Mecklenburger ist lebhaft und von allen Plattdeutschen der sprachgewandteste, er ist namentlich
ein hochbegabter Erzähler und Schilderer. Fritz
Reuter stellt den Idealtypus dieses scharfcharakteri-
sierten Volksschlages dar. Der Schleswig-Holsteiner
vermittelt uns skandinavisches Wesen, obwohl er
bis auf die Grenzbewohner ein guter Niedersachse
ist. Im Westen spricht das friesische und holländische Element bereits sehr stark mit. Schon in
Bremen lassen sich holländische Züge wahrnehmen.

Hamburg nimmt eine Stellung für sich ein. Der
früher mächtige englische Einfluss hat sehr ab-
genommen. In vielen einflussreichen Hamburger
Familien macht sich in neuerer Zeit durch die Be-
ziehungen zu Südamerika die Beimischung spanischen Blutes und spanischen Wesens sehr fühlbar,
und hier allein im ganzen Nordwest giebt es alt-
ansässige Judenfamilien, die, in Leben und Anschauung Hanseaten geworden, auf das öffentliche
Leben erheblichen Einfluss ausüben.

Das ist der Untergrund des Volkstums. Die alte
einheimische Kultur stammt aus niederländischer
Wurzel und hat hie und da eigenartige lokale Schöss-
linge getrieben, deren Zusammenhang mit dem
Mutterstock jedoch immer fühlbar bleibt. Nieder-
sächsisch ist das überall durch die Fürstenzeit des
siebzehnten und achtzehnten Jahrhunderts gerettete
freiheitliche Wesen des Bauern und Bürgers, in

Mecklenburg wenigstens der Städte und des Adels. Nirgend hat in Stadt und Land der Fürst jemals alle Kräfte sich dienstbar machen können. Niedersachsen ist etwas wie die Schweiz Norddeutschlands.

Derselbe Umstand hat auch verhindert, dass dies niedersächsische Gebiet zu irgend einer Zeit für eine gemeinsame Kulturarbeit zusammengefasst worden wäre. Auch die Hansa hatte wesentlich eine politische Funktion. In Kunst und Litteratur hat sich der Nordwest noch nicht ausgegeben.

Diese bäuerische und städtische Atomisierung der Volkskraft äussert sich am deutlichsten im Verhältnis zur höheren Bildung. Es giebt auf dem ganzen Gebiet keine Malerakademien und polytechnischen Hochschulen, Universitäten nur in Kiel und Rostock.

Auch die ökonomischen Verhältnisse sind sehr gleichartig. Zahlreiche Seestädte mit reichentwickelten Handelsbeziehungen sitzen in einer ackerbauenden Bevölkerung des Landes und der Landstädte. Residenzen von beherrschender Stellung giebt es nicht, und die Fabrikthätigkeit ist sehr jung. Hier kommt ausser Hamburg, das mit Altona und Harburg in der letzten Generation, ehe es sich dessen recht versehen, eine sehr bedeutende Fabrikstadt geworden ist, kein Platz in Betracht. Städte wie Neumünster mit seiner grossen Tuchindustrie bilden eine seltene Ausnahme. Der Landmann, der Kaufmann, der Seefahrer, der Fischer, das sind die Berufstypen des Volkes.

❀

Da die Fürsten keine übermächtige Stellung besessen haben, sind andere historische Bauten als Kirchen und Rathäuser auf dem ganzen Gebiete sehr selten. Charakteristischer Weise wirken diese Gebäude und die Bauernhöfe monumentaler, als selbst die Schlösser und Patrizierhäuser. Alten Kunstbesitz hat ausser der Kirche und einzelnen Rathäusern nur der Schweriner Hof in unser Jahrhundert gerettet. Kirchen, Rat- und Bauernhäuser waren die wesentlichen Quellen, aus denen die an allen Orten errichteten historischen Sammlungen und Gewerbemuseen, die man wohl schon unter einer Rubrik aufzählen darf, Denkmäler einheimischer Kunst und Kultur schöpfen konnten. Was der Adel, was die Patrizier bewahrt hatten, war meist nur ein kostbares Einzelstück. Ihr einst sehr reicher Besitz an Gemälden, Kunstsachen und Hausrat ist zerstreut.

In Schwerin bildet denn auch die Grossherzogliche Sammlung die Grundlage der Staatsmuseen, vor allem die wichtige Gemäldegalerie, an alten Meistern die hervorragendste im Nordwest. Die Oldenburger Galerie alter Meister ist jung, erst seit Anfang dieses Jahrhunderts ausgebildet, aber sie enthält eine Anzahl ausgezeichneter Gemälde. Noch jünger ist die Galerie alter Meister in der Hamburger Kunsthalle. Sie ist aus den letzten Resten des einst unermesslichen Privatbesitzes an alten, namentlich holländischen Meistern zusammen geflossen. Die ansehnliche Sammlung Hamburgischer

Meister seit dem fünfzehnten Jahrhundert ist erst
vor einigen Jahren gegründet worden. Kleinere
Sammlungen alter Meister werden noch in den
Museen von Bremen und Lübeck und in der Universität zu Kiel aufbewahrt. Lübeck besitzt in
seinen alten Kirchen eine hochbedeutende Sammlung von Bildern des fünfzehnten und sechzehnten
Jahrhunderts, und überall finden sich in den Kirchen
einzelne wichtige Kunstwerke.

Privatsammlungen alter Meister sind recht selten
geworden. Manches steckt noch in den Mecklenburger Schlössern, Lübeck und Bremen haben noch
einige Sammlungen aus älterer Zeit. In Hamburg
sind die umfangreiche Galerie des Konsuls Weber
und die Sammlung des verstorbenen Hauptpastors
Glitza am bekanntesten.

Kupferstichkabinette von Bedeutung sind die zu
Bremen — Kleinmeister, Handzeichnungen von
Dürer — und Hamburg — alte Italiener, Deutsche,
Holländer etc., Handzeichnungen aller Schulen,
moderne Radierungen —.

Die Gewerbemuseen, unter denen das von Justus
Brinckmann gegründete und geleitete in Hamburg
einen Weltruf besitzt, finden sich fast überall in
rationeller Weise mit den historischen Museen ver-
einigt. Sammlungen kunstgewerblicher Gegenstände
von erheblichem Wert dürften im Privatbesitz nur
in Hamburg und Bremen vorhanden sein.

Für neuere Kunst ist bisher nur in den grösseren
Zentren etwas geschehen. Fast überall war natur-

gemäss die Sorge für die Erhaltung und das Verständnis der Reste alter Kunst der Ausgangspunkt,
nur das unhistorisch fühlende Hamburg hat schon
in den zwanziger Jahren mit der Pflege der lebenden
Kunst eingesetzt. Es steht jetzt mit seiner Gemäldegalerie, seiner Skulpturensammlung, der modernen
Abteilung seines Kupferstichskabinetts im Nordwest
voran. In Oldenburg hat sich Grossherzog Peter
als ein feinsinniger Freund und Sammler lebender
deutscher Meister bewährt; in Schwerin ist der Grund
einer modernen Galerie gelegt, ebenso in Bremen,
Lübeck und Kiel. Privatgalerien lebender Meister
muss man in Hamburg [Behrens, Amsinck, Pini,
Berkefeld, Antoine-Feill, Weber, Freiherr von Westen-
holz, Dr. A. Wolffson, Kalkmann] und Bremen suchen.
In Kiel besitzt Prof. Hänel eine kleine, aber höchst
gewählte Sammlung lebender Meister. Die Freude
an modernen Originalradierungen lebt eben wieder
auf. Den bedeutendsten Sammler hat Bremen in
Dr. H. H. Meier aufzuweisen. — Als Hand-
zeichnungssammler hat sich Arnold Otto Meyer in
Hamburg einen Namen gemacht durch die Umsicht
und Einsicht, mit der er die deutschen Künstler
der ersten Hälfte des neunzehnten Jahrhunderts stu-
diert hat. Neben ihm ist A. Glüenstein zu nennen.

Museumsbauten sind in Bremen (am frühesten),
Hamburg, Oldenburg, Schwerin, Kiel und Lübeck
errichtet, jedesmal nach einem neuen und eigenartigen Plan, der weder von dem Berliner noch
von dem Münchener Typus abhängig ist.

Die Gründer der öffentlichen Sammlungen sind entweder, wie in Mecklenburg und Oldenburg, die Fürsten oder, wie in Hamburg und Bremen, die Kunstvereine, hie und da auch historische Vereine oder, wie in Lübeck, die Gemeinnützige Gesellschaft. In Kiel pflegt die Universität die Sammlungsinteressen. Wenig haben die Staaten und Städte bisher aus öffentlichen Mitteln zu thun gefunden. Nur in Hamburg sorgt der Staat für die Ausbildung des Museums für Kunst und Gewerbe und des Kupferstichkabinetts der Kunsthalle.

So weit die Sammlungen.

❀

Was den ganzen Nordwesten von den übrigen deutschen Kulturgebieten unterscheidet, ist die mangelnde Fürsorge für die Erziehung der höheren künstlerischen Begabungen. Handwerkerschulen, Gewerbeschulen, Bauschulen giebt es überall. Aber es kann keins der zwischen Oldenburg, Schwerin und Flensburg aufkeimenden wirklichen Talente sich als Bildhauer, als Maler, als Architekt auf dem Boden der Heimat seine volle Ausbildung verschaffen.

Die Folgen dieser Gleichgültigkeit gegen das in der Volkswirtschaft unschätzbare Produkt, das Talent, liegen klar zu Tage.

Zunächst ist es eine grosse Armut an hervorragenden Malern, Bildhauern und Architekten. Die

Sehnsucht aller Talente ist: hinaus! Nach Berlin,
nach München, nach Paris! Bei der allgemeinen
Wohlhabenheit, der grossen Mildthätigkeit sind auch
die Unbemittelten leicht in der Lage, Stipendien
zu erhalten. Wer in den Kunststädten Anschluss
findet, kehrt nicht so leicht wieder, und das sind
naturgemäss nicht gerade immer die schwächeren
Begabungen. Dagegen kommen zurück, die daran
verzweifeln mussten, sich draussen eine Existenz zu
schaffen, oder denen ihre äusseren Verhältnisse keine
Wahl lassen. Seltener kommt es vor, dass die Liebe
zur Heimat der wirkliche Grund der Rückkehr
war. Unter der Schar dieser dem Heimatboden
gegen ihren Wunsch Wiedergegebener sind verhältnismässig Wenige auch nur mit dem bescheidenen
Mass von Können ausgerüstet, das sich auf den
deutschen Akademien bisher erwerben liess. Die
Meisten haben nur eine ganz oberflächliche Schulung. So ist es kein Wunder, dass Rückbildung
und Versumpfung eher die Regel als die Ausnahme
bilden. Viele kämpfen lange Jahre mit unzuläng-
lichen Mitteln in einer Umgebung, die sie nicht
versteht, unter beständiger Sehnsucht nach draussen,
bis sie mit sich und der Welt zerfallen sind und
erlahmen. Andere ergeben sich schneller. Sehr
Wenige haben die Kraft, sich durchzuringen.

Und da in diesem wohlhabenden Gebiete doch
mancherlei Aussicht auf Erwerb winkt, bildet es die
Zuflucht von reisenden Künstlern, die die scharfe
Konkurrenz in den Kunststädten nicht aushalten

können. Dass sie nicht durch ernste Leistungen, die ihnen auch in den Kunstzentren eine Stellung sichern würden, ihren Weg machen, sondern eher durch Anpassung an den Durchschnittsgeschmack vorankommen, versteht sich von selbst.

An allen Ecken und Enden hört man, dass im Nordwesten die Künstler zur Zeit ihrer stärksten Empfänglichkeit dem Heimatboden entfremdet und den zufällig wechselnden Einflüssen der Akademiestädte ausgesetzt waren. Dass das Bodenwüchsige, der Erdgeruch ihren Produkten fehlt, ist fast die Regel.

In der Gesellschaft spielt der Künstler als solcher keine Rolle. Hie und da kommt es vor, dass sich einem Einzelnen aus irgend welchen Ursachen die Thüren des Salons öffnen, Künstlerschaft an sich macht nicht gesellschaftsfähig. So kommt es, dass der persönliche Einfluss der wenigen bedeutenden und dabei gebildeten Künstler sich auf ganz enge Kreise beschränkt. Breiten Schichten der vornehmen Gesellschaft ist völlig unbekannt, wie viel Anregung der Verkehr mit Künstlern bieten kann, und das ist wiederum ein Hemmschuh am Wagen, der die neuen Ideen bringt.

Nun wird aber nicht allein sehr wenig wirklich bedeutende Kunst im Nordwesten geschaffen,
es gelangt auch von Aussen wenig dahin. Denn
Kunsthandel und Ausstellungswesen liegen
darnieder.

In der vergangenen Generation wirkten z. B. in
Hamburg noch die bedeutendsten Kunsthändler, wie
Harzen, Commeter, Christian Meyer, gelehrte Kenner
ihres Faches, von deutschem, sogar europäischem
Rufe. Sie haben weder auf dem Gebiete der alten
noch auf dem der neuen Kunst ebenbürtige Nachfolger gefunden. Berliner, Münchener, Pariser, holländische Kunsthändler liefern die teuren Bilder,
aus Wien und München kommt in ungeheuren
Massen die Schleuderware, die einheimischen Kunsthändler — sehr gering an Zahl — haben schwer
zu kämpfen. Von der führenden Thätigkeit nach
Art der Pariser, Londoner und Dresdener Kunsthändler, die in einem anziehend entwickelten Ausstellungswesen einen so ausserordentlich starken
Einfluss auf das Publikum üben, ist in Niedersachsen noch nicht viel zu merken.

In Hamburg waren noch in den fünfziger Jahren
die Ausstellungen des Kunstvereins die mannig-
faltigsten Deutschlands. Fast ein Jahrzehnt hatten
sie jetzt ganz aufgehört, und das gerade zu der
Zeit, wo München die phänomenale Entwickelung
als Kunstmarkt durchmachte. Von dem Besten,
was in Deutschland entstand, kam in der letzten
Generation das Wenigste nach Nordwestdeutschland.

Eine Reaktion bereitet sich vor. In Hamburg
bemüht sich der Kunstverein — im Bunde mit dem
Künstlerverein und der Kunsthalle —, seine grossen
Ausstellungen zur alten Bedeutung zu erheben, in
Bremen und Kiel haben sich die jüngeren Künstler zusammengethan, um ihre eigenen Werke zur Ausstellung
zu bringen, in Lübeck hat ein junger Kunsthändler
den Mut gehabt, Klingers Kreuzigung auszustellen.

❀

Diese Bestrebungen müssten zuerst den einheimischen Künstlern zu gute kommen, denn ge-
sunde Zustände können nicht erreicht werden, wenn
nicht der eigene Boden bestellt wird. Nirgends in
Deutschland haben bisher die einheimischen Künstler
so schwer zu kämpfen gehabt wie in Nordwest, sie
hatten nicht einmal die letzte Zuflucht des Kunst-
handels. Der Nordwesten verhielt sich zu seinen
Talenten wie ein Landstrich, der edelsten Wein
bauen könnte, aber diesen Stoff von aussen bezieht.
Über den Stand der künstlerischen Produktion
ist nicht viel Allgemeines zu sagen. Ihre Schwäche
geht aus den eben dargelegten Umständen hervor.
Malerei, Architektur, Kunstgewerbe tragen im allgemeinen den Stempel des Importierten.
Die Architektur hat keinen selbständigen Charakter mehr. Jene eigenartige und oft höchst liebens-
würdige, hie und da sogar grossartige Weiterent-

wickelung holländischer Baugedanken, die bis zum
Ende des vergangenen Jahrhunderts währte und auf
dem Lande heute erst zu verdorren droht, wurde
in den Städten unter dem Flugsande des Klassizismus
begraben. Dann kämpften Berliner Klassizismus
und Münchener Romantik, denen sich für Hamburg
Pariser und Londoner Einflüsse zugesellten, bis
schliesslich Berliner Neurenaissance, Neubarock und
Neurokoko sich mit der Backsteingotik Hannovers,
der nächstgelegenen Fachschule, den Rang streitig
machen. Hie und da wirken einzelne Talente, aber im
ganzen Nordwesten entspricht weder die öffentliche
noch die private Architektur der Wohlhabenheit und
Bildung der Bewohner, und ganz ausnahmsweise knüpft
sie mit Bewusstsein bei der lokalen Vergangenheit an.

Auf den Kunstausstellungen erscheint die Architektur nicht mehr, und es ist ein Zeichen der Zeit,
dass der Vorstand eines grossen Architektenvereins
im Nordwesten beschlossen hat, von der Beteiligung
abzusehen, da sich das Publikum doch nicht dafür
interessiere.

In der Malerei herrscht, wie überall, der Kampf
zwischen den Alten und den Jungen, und wird mit
denselben Mitteln geführt. Aber ein höchst wich-
tiges Symptom zeigt sich überall: die Jugend will
den Boden nicht mehr dauernd verlassen. In Bremen
haben sich die Leute von Worpswede zusammengethan, die Künstlerschaft in Schleswig-Holstein ist
geeinigt und stellt in Kiel aus, und die jüngsten
Hamburger sind wenigstens darin einig, dass sie

sich die Darstellung der Heimat wieder als Ziel erwählt haben. Hiermit thun sie den Schritt in ein unerschöpfliches Gebiet, denn kein anderer Landstrich in Deutschland ist malerisch, an Fülle und Mannigfaltigkeit der Motive und Stimmungen der Landschaft sowie an malerischer Vielgestaltigkeit des Lebens, dem Nordwesten auch nur annähernd zu vergleichen, der zugleich an der weichen tonigen Natur der Nordsee und der harten koloristischen der Ostsee Teil hat. — Auf die Architektur und das Kunstgewerbe ist die Malerei ohne Einfluss.

Sehr schlecht geht es überall der Skulptur. Sie hat im Bürgerhause keine Sympathie. Die wenigen Talente laufen Gefahr, von den Architekten und Maurermeistern ruiniert zu werden, denen sie die wüste Ornamentik für die Stuckfassaden zu modellieren haben.

Die Gartenbaukunst siecht unter der einseitigen Herrschaft der verkommenen englischen Tradition dahin. Von einer Rückkehr zu architektonischen Prinzipien findet sich auf dem ganzen Gebiet kaum eine Spur, der Aufwand aber, der überall mit dem Garten getrieben wird, ist ganz enorm, und wenn ein Teil davon dereinst einer K u n s t des Gartenbaus dienstbar gemacht wird, brechen herrliche Zeiten an.

Das Kunstgewerbe hat dieselbe Entwickelung durchgemacht wie im übrigen Deutschland. Es hat im ganzen nicht mehr Eigenart als die Architektur, wenn auch einzelne Zweige eine selbständige Entwickelung aufweisen. Der lebenden Kunst steht es fern.

Was an den künstlerischen Zuständen im Nordwesten unzulänglich ist, ergiebt sich im letzten Grunde
aus der verkehrten Einrichtung des Bildungswesens.
Überall sorgen Staat und Gemeinde für die niedere
Bildung in bester Absicht, überall vernachlässigen
sie die höhere. Es ist nicht möglich, auf diesem
Wege Kultur zu schaffen. Die weiteste Verbreitung
von Elementarkenntnissen im Handwerkerstand wiegt
die Bedeutung e i n e s wirklich produktiven malerischen Genies, eines k u l t i v i e r t e n, originellen
Architekten nicht auf, wenn sie in der Heimat
ihr Wirkungsgebiet finden. Es kommt immer darauf
an, dass das Höchste geleistet werde, nur dann
hebt sich das Niveau auch des Niedrigsten. Wenn
im Nordwesten die leitenden Mächte nicht einsehen,
dass ihre Sorge sein muss, den künstlerischen Begabungen auf dem Boden der Heimat die höchste
Ausbildung und Bildung zu geben, so werden wir
binnen kurzem das alte Kulturgebiet zu einem Brach-
acker werden sehen, auf den alle Unkräuter der
Fremde einwandern.

Schutz vor dem lahmlegenden Import von Ideen
und Erzeugnissen von aussen gewährt nur die höchste
Entwickelung der eigenen Produktion.

HAMBURG

Von allen deutschen Grossstädten ist keine nach
ihrer Erscheinung und ihrem Wesen so unbekannt
wie Hamburg. Die meisten Vorstellungen, die man
sich im Reich von der Stadt und ihren Bewohnern
macht, sind schief oder falsch.

Hamburg ist kein Reiseziel, man pflegt es nur
flüchtig auf einer Rundreise zu berühren. Denn
von dem, was der gebildete deutsche Durchschnitts-
reisende zu suchen gewohnt ist, alte malerische
oder romantische Architektur, Sammlungen alter
Kunst und ein leichtes, anheimelndes öffentliches
Leben der Gesellschaft, besitzt Hamburg nicht viel,
und der Genuss dessen, was es zu bieten hat, er-
fordert Zeit, Ruhe und den Willen, sich zu ver-
tiefen, Dinge, die nicht mit auf die Reise zu nehmen pflegt, wer eine moderne Stadt besucht.

Nirgends auch fällt es dem Reisenden so schwer,
sich zu orientieren und den Eindruck von markanten
Linien eines festumrissenen Charakterbildes mitzu-
nehmen. Nur einzelne auffallende Züge, die unter
sich nicht recht in Verbindung zu bringen sind,

pflegen haften zu bleiben. Wie in Berlin, Dresden
oder München der Einheimische lebt und denkt,
davon kann auch der Reisende eine Vorstellung
gewinnen; wie der Hamburger sein Dasein ein-
richtet, erfährt erst, wer es eine Zeitlang geteilt hat.

Und während die Malerei und die Litteratur der
letzten Generation in dem Münchener und Berliner
Leben reichen Stoff zu gestalten fand und Menschen
und Milieu im Lichte der Kunst anzuschauen unser
ganzes Volk gewöhnt hat, während Tageszeitungen,
illustrierte Blätter, Witzblätter, Wochen- und Monatsschriften dort über alle Ereignisse und Vorgänge
berichten, giebt es nur erst die Anfänge einer Hamburgischen Litteratur, hat die bildende Kunst die
unerschöpflich reichen und vielseitigen Stoffe, die
das mannigfaltige Leben und die wundervolle Hamburger Landschaft ihr bieten könnten, noch so gut
wie unberührt gelassen, und keine illustrierten Blätter,
Wochen- oder Monatsschriften erscheinen in Hamburg, die das Reich mit dem, was dort vorgeht,
bekannt machen könnten.

I.

Auch für Hamburg, die am spätesten entwickelte
unter den drei übrig gebliebenen Hansestädten, gilt
die Erfahrung, dass sich aus dem Stadtplan Charakter und Gang der Entwickelung ablesen lässt.

Aus seiner heutigen Gestalt allein ist die Geschichte der Stadt allerdings nicht deutbar. Denn es giebt keine deutsche Stadt, vielleicht überhaupt keine, deren Strassennetz und deren Wasseradern im Laufe der letzten Jahrhunderte so ungeheure Veränderungen erfahren hätten.

Wie Lübeck und Bremen, war Hamburg ursprünglich ein Bischofssitz gewesen, in welchem die Bürgerschaft sehr früh die Macht des weltgeistlichen Fürsten bei Seite gedrängt hatte.

Während aber im Stadtplan der beiden Schwesterstädte die Spur der Bischofsperiode noch deutlich erkennbar geblieben ist, in Bremen mit Dom und Domplatz, in Lübeck mit der stillen bischöflichen Dominsel, die von den Wogen des bürgerlichen Lebens noch heute nur von fern umspült wird, ist der ehrwürdige Dom in Hamburg dem Erdboden gleich gemacht, und nur die Domstrasse erinnert durch ihren Namen an die Bedeutung der Stätte, aus der ein kühner Traum einmal das Zentrum eines nordischen Rom hatte schaffen wollen.

Und während in Lübeck und Bremen Rathaus, Rathausmarkt und Bürgerkirche ihre ursprünglichen Plätze inne haben, wird die Regierung von Hamburg im eben vollendeten Rathause an der vierten, wahrscheinlich sogar an der fünften Stelle tagen. Wo sich das erste erhob, weiss niemand zu sagen; auch die Stätte des zweiten ist streitig; das dritte wurde vom Brand verwüstet, das vierte soll in diesem Jahre aufgegeben werden. Nur die alte Bürgerkirche von St. Peter ragt wie einst auf dem höchsten Punkt der ältesten Stadt empor, aber als Neubau unseres Jahrhunderts. Von den mittelalterlichen Kirchen stehen nur noch zwei, alle Kapellen und Klöster sind verschwunden.

Unübersehbar sind die Veränderungen der grossen und kleinen Wasserläufe. Die Alster wurde zu einem Landsee aufgestaut, der jetzt mitten in der Stadt liegt. Zweimal wurde dann durch quer hindurchgelegte Dämme die ursprüngliche Einheit dieser weiten Wasserfläche geteilt.

Zuerst durch den Jungfernstieg, der ursprünglich auf beiden Seiten von Wasser begrenzt war und als schmaler Damm Gänsemarkt und Bergstrasse verband. Durch Befestigungen, an deren Vorhandensein die Strassennamen Alter Wall und Neuer Wall erinnern, wurde das innere Bassin, das ursprünglich sehr grosse Dimensionen hatte, zum grossen Teil zugeschüttet. Bei der Regulierung nach dem Brande von 1842 schrumpfte der noch vorhandene ansehnliche Rest zu dem Bassin der kleinen Alster zusammen.

Ein weiteres Stück wurde von der grossen Alsterfläche durch die querdurchgelegten Befestigungen des dreissigjährigen Krieges abgeschnitten. Das ist die heutige Binnenalster.

Auch in der inneren Stadt hat die Verteilung von Land und Wasser sich seit Menschengedenken wesentlich verändert. Flussschiffe ankerten, wo jetzt die weite Fläche des Rathausmarktes sich dehnt;

wo die Sitzungssäle des Senats und der Bürgerschaft
liegen, flossen Fleete. Die zahllosen Kanäle, die
als Abflüsse der Alster die Stadt durchziehen, hat
mit zwei oder drei Ausnahmen die Hand des Menschen gegraben. Ebenso ist der Lauf des anderen
Nebenflusses der Elbe, der durch Hamburg fliesst,
der Bille, zu Wasserflächen aufgestaut und in ein
Netz von Kanälen verwandelt. Eine Industriestadt
hat sich dort gebildet, wo noch vor einer Generation an stillem Gewässer die Sommersitze aus
dem achtzehnten Jahrhundert lagen.

Wie die Becken und Kanalsysteme der Alster
und Bille künstliche Gewässer sind, so ist auch der
Arm des Elbstroms, der die Häfen bildet, von den
Hamburgern durch kunstreiche Wasserbauten an
die Stadt herangeholt worden. Bis ins Mittelalter
lassen sich die Kämpfe des Ingenieurs, denen dipo-
matische und kriegerische Aktionen mit den Nach-
barstaaten parallel gingen, zurückverfolgen.

Im heutigen Hafengebiet sind die Umänderungen
gewaltig und unübersehbar. Wo in meiner Jugend die
stolzen Barockpaläste der Patrizier und die malerischen
Wohnhäuser der Arbeiter sich erhoben, strömt heute
die Flut durch breite Kanäle; elektrische Bahnen
schiessen dahin, wo damals noch Schiffe unter Bäu-
men am Quai lagen; Rinderherden grasten, wo jetzt
in den seeartigen Becken der neuen Hafenanlagen die
Handelsflotten liegen, und es kommt mehr als einmal vor, dass sich seit einem Menschenalter an derselben Stelle die dritte Brücke über den Kanal spannt.

Mehr noch: der Elbstrom, über dessen unzulängliche Tiefe in früheren Jahrhunderten die Besitzer der Segelschiffe geringen Tiefgangs wiederholt Klage führten, trägt infolge ungeheurer Regu-
lierungsarbeiten heute die schwimmenden Städte
der grössten transozeanischen Dampfer bis in die
neuen Häfen, eine Aufgabe, an deren Lösung unter
den schwierigsten Bedingungen Jahrhunderte ge-
arbeitet haben, und weitere Arbeiten sind im Gange,
die auf eine Vertiefung der Fahrrinne hinzielen
und sie gegen die wechselvollen Einflüsse von
Flut, Strom und Ostwind sichern sollen.

So ist der ursprüngliche Zustand des Erdbodens
und der Wasserläufe, so ist das Bild der historischen
Entwickelung des Stadtbildes verwischt. Es lässt
sich nicht sagen, ob in Hamburg das Wasser oder
das Land sich als das weniger stabile Element er-
wiesen hat.

❂

Die alte Stadt innerhalb der Festungswälle des
siebzehnten Jahrhunderts wurde in drei Etappen gebildet. Auf dem Hügel an der Alster, der den Über-
gang der alten Heerstrasse von Lauenburg nach Hol-
stein beherrscht, lag, weit vom Elbstrom entfernt, die
älteste Stadt. Petrikirche und Johanneum bilden
noch heute etwas wie eine Akropolis. Im Alster-
delta zu ihren Füssen entstand selbständig im

dreizehnten Jahrhundert die Neustadt mit eigenem
Recht und eigener Verwaltung. Nach der Vereinigung der beiden Städte erhob sich das gemeinsame Rathaus vor der Brücke, die sie verband —
eine Anlage, die auch anderswo vorkommt, wenn
zwei Stadtkerne verschmelzen. Die Befestigungen
des dreissigjährigen Krieges zogen den riesigen
Komplex der Gärten vor dem Thore in das Weich-
bild, und noch im siebzehnten Jahrhundert wurden
die Feldwege darin zu Strassen. Das ist der Ur-
sprung des Gängeviertels mit seinen schmalen Gassen
und seinen grossen Gärten im Kern der unregel-
mässigen Baublöcke.

Aus der Urzeit ist nur ein Strassenzug in seinem
alten Verlauf erhalten, die grosse Heerstrasse, die
schon in vorgeschichtlicher Zeit über die Furt der
Alster führte. Man sieht ihren Krümmungen heute
noch an, wie sie einst sich der Gestalt des Terrains
anschmiegte.

Die Natur des Bodens und die Bedürfnisse des
Handels bestimmten schon im Mittelalter den Typus
der städtischen Bebauung. Es wurden nicht, wie
in den holländischen Städten, Kanäle von Strassen
eingefasst — das Grachtensystem —, sondern es
erhoben sich an den Ufern der „Fleete" die langen
Reihen der Speicher, deren Grundmauern tief unter
das Wasser hinabreichen.

Man wird in diesen Fleeten an Venedig erinnert. Aber es sind nicht die Paläste und Wohnhäuser, die ihre zierliche oder grossartige Archi-

tektur im Wasser spiegeln, sondern die schlichten
Nutzbauten der Speicher, deren einziger Reiz in
den roten Ziegeldächern und den weissgestrichenen
Fensterrahmen im roten Mauerwerk besteht.

Wer vom Fleet durch den Speicher geht, gelangt nicht gleich auf die Strasse, sondern auf einen
schmalen Hof und erreicht sie von dort erst durch
das Wohnhaus. Dieser Komplex von Wohnhaus
und Speicher, die durch einen schmalen Flügel an
der einen Seite des dazwischen liegenden Hofes
verbunden sind und von der Fahrstrasse und dem
Kanal begrenzt werden, bildet die typische Anlage
eines alten Hamburgischen Kaufmannshauses.

Erst im siebzehnten Jahrhundert hat das holländische Vorbild der Grachtenanlage zu wirken begonnen, aber der Holländische Brook war fast das
einzige Gebilde dieser Art.

Bei den grossartigen Speicheranlagen im neuen
Freihafengebiet ist man zu dem praktischeren einheimischen Typus zurückgekehrt, nur dass jetzt bei
dem Speicher das Wohnhaus fehlt.

Drei grosse Ereignisse haben seit fünfzig Jahren
das Bild der alten Stadt vollständig umgestaltet:
der grosse Brand von 1842, der Zollanschluss und
die neuen Hafenanlagen, die das Seeschiff, den
Flusskahn und die Eisenbahn am Quai zusammen-
führen.

Der Brand vernichtete den Kern der Stadt.
Beim Wiederaufbau wurde mit grossem Raumgefühl
ein neues S t a d t z e n t r u m gebildet um die durch

ein Wunder erhaltene Börse, das neue Rathaus und
die mit monumentalen Quais, wundervollen Wasser-
treppen — den schönsten, die ich kenne — und
zierlichen Arkaden ausgestattete Kleine Alster.

Rathaus und Börse, durch Zwischenbauten verbunden, bilden jetzt einen einzigen Baukomplex,
das Herz der Stadt. Diese Vereinigung des Rathauses, das in Hamburg wesentlich nur den Sitz
des Senats und der Bürgerschaft bildet, also des
Regierungspalastes mit der Börse ist vielfach auf-
gefallen, auch wohl als unwürdig bemängelt worden,
war aber Ausdruck thatsächlicher Verhältnisse. Die
Hamburgische Verfassung rechnet für die Verwaltung des Gemeinwesens mit der freiwilligen Teilnahme des Kaufmannes. Männer, die an der Börse
jeden Mittag zusammenkommen, um ihre Geschäfte
zu verhandeln, gehören als Mitglieder der Bürgerschaft den sogenannten Deputationen an, die als
Ministerien Finanz, Bauwesen, Unterrichtswesen
u. s. w. verwalten. Sollen sie dauernd in der Lage
sein, den Sitzungen beizuwohnen, gebietet sich die
möglichste Konzentration von Börse und Regierungs-
palast von selbst. Im Inlande darf man bei der
Beurteilung dieses eigenartigen Baukörpers nicht
vergessen, welche hohe und angesehene Stellung
die Hamburger Börse seit Jahrhunderten im Ge-
meinwesen einnimmt.

Auch äusserlich zwingt sich die Bedeutung dieses
jüngsten Stadtkerns, dessen eine Hälfte vor fünfzig
Jahren eine Wasserfläche war, unmittelbar der An-

schauung auf. Nahezu sämtliche elektrischen Strassen-
bahnen führen über den Rathausmarkt, eine Anlage, die keine andere Grossstadt kennt.

Für den Freihafen wurde der vornehmste
und malerischste Teil der alten Stadt niedergelegt,
der bis vor dreissig Jahren im Winter von der
Aristokratie bewohnt wurde. Was für Veränderungen
die ebenfalls im Freihafengebiet liegenden Quais
und Bassins der neuen Hafenanlagen mit sich gebracht haben, lässt sich am besten aus dem Ver-
gleich der Pläne von 1860 und 1896 ermessen.

Aus dieser Übersicht ergiebt sich, dass bei der
Anlage der Stadt Jahrhunderte hindurch ausschliesslich die Forderungen des praktischen Lebens mass-
gebend gewesen sind.

Nirgend hat das künstlerische oder das reprä-
sentative Bedürfnis des Fürsten einen öffentlichen
Platz gestaltet, eine Perspektive durchgesetzt, einen
Strassenzug bestimmt. Und der Senat hat von je
her vermieden, durch äussere Repräsentation zu
glänzen.

Das Leben der Gesellschaft hat nur wenig
Spuren im Stadtbilde hinterlassen, am ehesten noch
in der Grossen Allee in der Vorstadt St. Georg,
die am Anfang des vergangenen Jahrhunderts eine
Art Korso war, und deren grossräumige Anlage
heute wie ein Rätsel erscheint.

Nach künstlerischen Erwägungen hat erst unser
Jahrhundert öffentliche Anlagen geschaffen. Zuerst
in der langen Reihe von — später mannigfach

dezimierten — Parks, die auf den niedergelegten
Festungswällen angelegt wurden, dann beim Aufbau
des Stadtkerns nach dem grossen Feuer von 1842
und zuletzt bei der Umgestaltung der Ufer der
Aussenalster und bei den Entwürfen für den neuen
Bebauungsplan.

Bei den Wallanlagen und der Umgestaltung der
Alsterufer herrschte unumschränkt der sogenannte
englische Gartenstil, ausserhalb dessen wir uns eine
grosse Gartenanlage selbst mitten in der Stadt kaum
vorstellen können. Bei den Anlagen an der äusseren
Alster zeigt sich in den Ausstattungsstücken an
Brücken, Bänken, Wartehäusern überall der Einfluss
der hannoverschen Gotik.

Monumental gedacht und nicht nur in ihrer
Zeit — der Mitte unseres Jahrhunderts — ein
Wunder an Vornehmheit der Anlage sind die Quais
und Treppen der Binnenalster und der Kleinen
Alster.

II.

Es muss ein wertvoller Fleck Erde sein, auf
dessen Umgestaltung seit Jahrhunderten solch un-
berechenbare Summen von Intelligenz, Arbeit und
Geld, so viele diplomatische und kriegerische
Kämpfe von den Bewohnern aufgewandt worden
sind, und den sie im siebzehnten Jahrhundert, als der
grosse Krieg ausgebrochen war, durch die stärksten

3*

damals denkbaren und noch dazu auf ungünstigem
Boden angelegten Festungswerke schützten, mit
Wällen wie Hügelreihen, hinter denen Türme ver-
schwanden, und Stadtgräben gleich tiefen Thälern.
Im neuen Hafen liegt neben dem weiten Becken
des Segelschiffhafens das Bassin für die langen ober-
länder Kähne; Hamburg ist der Ort, den die flachen
Kähne aus Sachsen und Österreich vom Wellen-
gang ungefährdet erreichen können, und bis zu dem
die Flutwelle die Seeschiffe heraufträgt. Alle An-
strengung war seit Jahrhunderten darauf gerichtet,
die Qualität des Hafens als Ort der Umladung vom
See- ins Flussschiff intakt zu erhalten und zu stei-
gern. Dass es bis heute trotz der wachsenden An-
sprüche gelang, ist ein halbes Wunder. Hätte eine
einzige Generation die Kraft erlahmen lassen, so
wäre die Verbindung auf immer zerrissen.

Dies ist auch die wichtigste Ursache, dass Kon-
kurrenzstädte am unteren Elbstrom sich nicht entwickeln konnten, und dass Hamburg bisher noch
nicht genötigt war, sich selbst eine Konkurrenz-
stadt zu gründen wie Bremen in Bremerhaven.
Hamburg ist einer der wenigen Häfen der kurzen
ozeanischen Küstenstrecke eines mächtigen Reiches,
der zugleich als einer der Häfen Österreichs und
sogar Russlands zu gelten hat. Für Österreich
übersteigt die Bedeutung des Hamburger Hafens
die von Triest.

Wenn man überblickt, was die Bürger im Laufe
der Jahrhunderte unternommen haben, um ihrer

Stadt den Boden zu sichern, den sie zur Entwickelung nötig hatte, so wäre man fast geneigt, einen
Instinkt anzunehmen, der die Bedürfnisse der Zukunft voraus empfindet. Auf grossen Gebietserwerb
konnte man nicht ausgehen, denn der Schutz hätte
einen bedeutenden Teil der Kraft absorbiert, und
der Umfang die Begehrlichkeit der benachbarten
Fürsten gereizt. Dafür wurde um so energischer
erkämpft und festgehalten, was für die Ausdehnung
und Sicherung des Handels nötig erschien: das
schon vor fünfhundert Jahren eroberte Kap der
Elbe, wo jetzt Cuxhaven zu einer neuen Hafenstadt
ausgebaut wird, die Elbinseln vor der Stadt, auf
denen ein Teil des Freihafens liegt, und lange
Strecken Uferlandes die Elbe, Alster und Bille
hinauf. An der Altonaer Seite, wo das hohe Elb-
ufer sich unmittelbar aus dem Strom erhebt, ver-
zichtete man auf Gebietserweiterung: und hier konnte
ein Konkurrenzhamburg entstehen, seinem Ursprunge
nach bezeichnender Weise nicht eine Rivalin der
Handelsstadt — das ist sie innerhalb der durch die
Natur gegebenen Grenzen erst seit einem Menschenalter geworden —, sondern eine Karte, die gegen
den Hamburger Gewerbestand ausgespielt wurde.
Die flachen Elbinseln Altona gegenüber gehören
weit den Strom hinab wieder zu Hamburg, ein Raum-
vorrat für die künftige Entwickelung des Hafens.

Das Geheimnis der Zähigkeit, mit der durch
die Jahrhunderte hindurch dieselben politischen
Grundsätze verfochten und dieselben Ziele angestrebt

wurden, dürfte in der Stellung und Organisation des Senates liegen. Seine Mitglieder werden durch ein sehr kompliziertes Wahlsystem auf Lebenszeit gewählt, wodurch sich innerhalb des Körpers, der die Souverainetät des Staates vertritt, eine feste Tradition in der Auffassung und Behandlung der wichtigsten Fragen bilden kann, und wodurch die Stellung des Senates und seiner einzelnen Mitglieder nach innen und aussen ihren Charakter erhält.

❀

Vor hundert Jahren war Deutschlands direkter Anteil am überseeischen Handel sehr gering. Die Hamburger hatten eben begonnen, direkte Verbindungen mit Nordamerika anzuknüpfen, wo ihnen die politische Konstellation während des Unabhängigkeitskrieges und nachher günstig gewesen war.

Heute ist die Dampferflotte der Hamburger Rhederei an Transportfähigkeit so gross wie die von ganz Frankreich, und es scheint, als ob sie noch in diesem Jahre darüber hinauswachsen würde.

Diese gewaltigen Umwälzungen hat auf dem eng begrenzten, von Menschenhand tausendfach umgemodelten Fleck Erde die Arbeit dreier Generationen der Bewohner eines kleinen, auf sich selbst gestellten Staatswesens vollbracht, ohne Subventionen eines grossen Reiches, wie sie den französischen Rhedereien so reichlich zur Verfügung

standen. Die grössten Fortschritte hat die letzte
Generation gesehen. Bis 1865 musste sich Hamburg mit der alten offenen Rhede behelfen, wo
die Schiffe mitten im Fluss an starken Pfählen
(Duc d'alben genannt) befestigt waren. Erst von
dieser Epoche ab beginnt die neue Zeit mit den
unendlichen Hülfsmitteln für Löschen und Laden,
die die modernen Quais bieten.

Von den vier grössten Dampfschiffslinien der
Welt besitzt Deutschland zwei. Die bedeutendste,
die es giebt, die „Packetfahrt", ist in Hamburg be-
heimatet, die dritte ist der Bremer Lloyd. Die
englische P- und O-Linie hat ihre führende Stellung der grossen Hamburger Gesellschaft abtreten
müssen, während die bedeutendste französische
Linie, die Messagerie, erst an vierter Stelle steht.

Seit 1890—1891 hat die „Packetfahrt" die
stärksten Impulse gegeben. Wie überwältigend rasch
die Entwickelung geht, lässt sich aus der Geschichte
ihrer Flotte des D-Typus ersehen. Das Vorbild bot
1890—1891 die Dania, von der alle nach demselben Typus erbauten Schiffe der Gesellschaft einen
mit D anfangenden Namen tragen. Es war die
erste Flotte von Doppelschraubendampfern. Sie
haben eine Transportfähigkeit von 5—6000 Tons
und verbrauchen 50—55 Tons Kohlen täglich. Ihr
Wert lag in der grossen Transportfähigkeit bei
verhältnismässig geringem Kohlenverbrauch, und
sie galten, als die Dania gebaut wurde, auf lange
Zeit als das denkbar Vollkommenste.

Heute sind sie veraltet. Die Packetfahrtgesell-
schaft hat sie aus der Nordamerikalinie entfernt
und lässt die ganze D·Flotte von Genua nach
Argentinien laufen.

An die Stelle des D-Typus ist der P-Typus getreten, nach der Persia benannt, der bei 9—12000
Tons Transportfähigkeit nur 75—95 Tons Kohlen
den Tag verbraucht. Das auf der Werft von
Blohm und Voss in Hamburg im Bau befindliche
Schwesterschiff der Pensylvania hat von allen Schiffen
der Welt die grösste Wasserverdrängung. Man darf
jedoch nicht denken, dass die Schiffe des P-Typus
besonders langsamer als die Schnelldampfer fahren,
der Unterschied beträgt nur etwa drei Tage.

Auch im Bau der Segelschiffe hat die jüngste
Epoche gewaltige Neuerungen eingeführt. Das
grösste Segelschiff der Welt, die Potosi der Firma
Laeisz in Hamburg, hat 6000 Tons Transportfähig-
keit und braucht zur Reise nach Chili mit Ein-
schluss des Lösch- und Ladeaufenthaltes im fremden
Hafen nur sechs Monate, also kaum mehr als ein
Dampfer.

Dass sich ähnliche Steigerungen auch bei dem
Bau der Flusskähne geltend machen, versteht sich
eigentlich von selbst. Gegen das grösste Kaliber
von heute mit seinen 1200 Tons sind die grössten
Flusskähne der vergangenen Epoche, die über 200
nicht hinausgingen, Zwerge zu nennen.

Die gegenwärtige Situation wird durch die
Thatsache charakterisiert, dass Hamburg das grösste

Dampfschiff, das grösste Segelschiff und — in der
Werft von Blohm und Voss — das grösste und
besteingerichtete Dock der Welt besitzt.

Dass diese Leistung nicht ohne den Hintergrund
und die Beihülfe, die der Arbeit der letzten Generation das Reich bot, vollbracht werden konnte,
sieht ein Kind. Aber sie kam nicht nur Hamburg
zu gute, sondern ebensosehr dem Reich.

Von den einzelnen Thaten, aus denen sich das
mächtige Facit ergiebt, erfährt die Welt kaum oder
nur vage. Die Namen der Männer, deren Gedanken und Werke die grossen Fortschritte bestimmen,
kennt und nennt im Reich selten jemand. Dass
Energie, Talent und sogar Genie auch hinter dieser
nationalen Grossthat stecken, wird oft übersehen.
Nur wenn eine neue Staffel erstiegen ist, meldet
es vielleicht eine Notiz unter den vermischten Nach-
richten als eine schwer zu kontrollierende Thatsache,
etwa dass der „Hamburger Handel nunmehr auch
den von Liverpool" überflügelt habe.

❀

Wie die politische und ökonomische Geschichte
Hamburgs, so ist auch der Ausbau des Stadtbildes
von einer einzigen Macht beherrscht, den Bedürfnissen des Handels. Und wie er Land und Wasser
umgeformt hat, so dient ihm das Leben der staat-
lichen Gemeinschaft und des Individuums. Der

Hafen ist der Herr der Stadt. Alle Bildungen im
Stadtplan, die nicht von den Erfordernissen des
Handels und der Industrie vorgeschrieben, waren
dem Zufall und der Willkür überlassen, kein Fürsten-
schloss, kein Schlossgarten, kein Wildpark bildete
den Kern einer grossräumigen Stadtanlage, und
heute erst werden Anstrengungen gemacht, einen
allgemeinen Bebauungsplan durchzusetzen.
Da ist es fast ein Wunder, dass die Stadt so
schön geblieben ist. Sie verdankt es dem Naturgefühl des nieder-
sächsischen Stammes, der ihn bewohnt. Hamburg
erscheint, vom Luftballon aus gesehen, immer noch
wie ein grosser Park mit Häusern darin. Es ist
mit seinen Wasserflächen, Wiesen, Parks und Gärten
mitten im Strassennetz so weitläufig gebaut, dass
es vor einigen Jahren mehr Strassenlaternen brauchte
als Berlin.
Die Sehnsucht jedes Einzelnen seit Jahrhunderten
ist Haus und Garten. Der Garten ist immer noch
der einzige Luxus grossen Stils, den sich im allgemeinen der Hamburger gönnt. Er hat seine
Gärten noch immer in der eigentlichen Wohnstadt
in Pöseldorf und Harvestehude, auf der Uhlenhorst,
in Borgfelde und Hamm.
Die oberste Schicht hat an der Gewohnheit des
Winterhauses in der Stadt und des Sommerhauses
in der nächsten Umgebung bis heute festgehalten.
Es giebt ein Winterhamburg und ein Sommerham-
burg. Dieses erstreckt sich im weiten Bogen um

den alten Kern. Wer am einen Ende der Peripherie des grossen Halbkreises wohnt, hat im Sommer unter Umständen Stunden zu fahren, wenn er auf der anderen Seite zum Diner geladen ist.

Die Vorliebe der Gesellschaft für das Einzelhaus giebt dem öffentlichen Leben den Charakter, man möchte fast sagen: sie löscht es aus. Haus und Garten haben die Tendenz, die Familie wie den Einzelnen der Öffentlichkeit zu entziehen. Nach Promenaden, Stadtpark oder Korso besteht kein Bedürfnis. Hamburg hat mitten in der Stadt zahllose kleinere und grössere Parks und Wiesenflächen, aber es fehlt ein Park, in dem sich Alle begegnen. Die Equipagen gehören, wie man in Hamburg übertreibend zu sagen pflegt, der Kategorie der Lastfuhrwerke an. Wer Aufwand damit treiben wollte, der fände keine Gelegenheit, ihn zu zeigen. An ihre Stelle tritt bis zu einem gewissen Grade der Luxus der Segelyacht und eines eleganten Ruderbootes. Es ist für Hamburg charakteristisch, dass abendliche Zusammenkünfte der Gesellschaft im Freien nur zu Wasser stattfinden, beim Wasserkorso vor dem Fährhaus auf der Uhlenhorst. Jeden Abend kommen dort in den Sommermonaten die Damen der umliegenden Villengelände in ihren zierlichen Booten zusammen, oft liegen dort Hunderte von Fahrzeugen, während die männliche Jugend, die sich für die Regatta trainiert, in langen Ruderbooten vorüberschiesst oder es sich unter den weissen Segeln der langsam vor den Baummassen der Ufer dahingleitenden Kutter bequem gemacht hat. Der Zoologische Garten wird von der Gesellschaft nur wenig, die populäre Vergnügungsstadt St. Pauli nie besucht.

Alles Leben spielt sich in Haus und Garten ab. Es giebt kein Kneipen- und Klubleben. Eine Ausnahme macht das sehr alte, sehr entwickelte und sehr volkstümliche Sportsleben auf den Spielplätzen, in den Ruder-, Yachtklubs und Rennklubs. Die Sportfeste bilden die Höhepunkte des sommerlichen Lebens. Ein grossartigeres Schauspiel von Volksleben in so unvergleichlichem Rahmen, wie die Regatten auf der Alster, dürfte der Kontinent kaum bieten.

Nur wenige Restaurants werden von der Gesellschaft und in Begleitung von Damen besucht. Selbst nach Schluss der Konzerte und Theater pflegt alles nach Haus zu streben. Im Sommer und Winter sieht man nach neun auf dem Jungfernstieg nur Fremde.

Die weiten Entfernungen, die durch die weitläufige Bauart und die halbkreisförmige Gestalt des Stadtplanes bedingt sind, und die unzulängliche Entwickelung der peripherischen Verbindungen — bei ganz vorzüglichen radialen — erschweren jeden Verkehr.

Mit diesen Zuständen hängt es zusammen, dass auf den Strassen fast gar kein Luxus zu sehen ist. Nichts Einfacheres als die Strassentoilette der Damen. Die Hamburgerinnen tragen Uniform, heisst es in Berlin. Dass kein Hof in Hamburg die Leichtigkeit der Verkehrsformen entwickelt hat, spürt man im geselligen Verkehr und in dem abgeschlossenen Wesen des Einzelnen, das von Fremden als Unzugänglichkeit empfunden wird.

❀

Der Grosshandel beherrscht auch das Leben des Einzelnen und lässt ihn von dem Tage, wo er als halber Knabe den Fuss ins Comptoir gesetzt hat, bis zu seinem Tode nicht los. Es ist nicht Sitte, sich vom Geschäft zurückzuziehen, so lange die Kräfte reichen. Der Rentier ist ein unbekannter Begriff. Alles arbeitet. Nicht selten kommt es vor, dass auf demselben Comptoir drei Generationen derselben Familie thätig sind.

So wächst die Jugend in engster Berührung mit der älteren Generation heran, deren Einsicht ihr unmittelbar zu gute kommt, und das Alter, das die Erfahrung besitzt, hat die Jugend neben sich, in deren Wesen die Initiative überwiegt. Der Lebenswunsch des französischen Kaufmannes, die Million und der Ruhestand vom fünfzigsten Jahre ab, ist dem hanseatischen Kaufmann unbekannt. Als seine Lebensaufgabe sieht er die Konsolidierung und Entwickelung seiner Firma an und die sachgemässe Schulung seines Nachfolgers. Nach altem Hamburgischen Recht steht er mit allem, was er hat

und ist, für sein Thun und Lassen ein. So hart
es im einzelnen Falle einmal treffen mag, kennen
Sitte und Recht keinerlei Festlegung von Kapita-
lien für die Sicherstellung der Familie, die dem
amerikanischen und englischen Kaufmanne einen
festen Rückhalt giebt. Bei allem, was er unternimmt, hat der hanseatische Kaufmann zu bedenken,
dass sogar das mitgebrachte Gut seiner Frau verloren ist, wenn er sich verrechnet hat.

Auch der Bildungsgang des Kaufmannes weicht
durchaus ab von dem, was man im übrigen Deutschland gewohnt ist. Nicht Gymnasium und Real-
gymnasium, sondern in sehr vielen Fällen eine
Privatschule giebt die Grundlagen. Der „Einjäh-
rige" ist das auch im übrigen Deutschland ver-
ständliche Bildungsziel der Mehrheit. Die Schule
wird früh verlassen, meist um das 16. Lebensjahr
herum. Dann folgen drei Jahre Lehrzeit — Jeder
muss von der Pike an dienen — das Dienstjahr
und ein längerer Aufenthalt in England, Frankreich
und, je nach den Geschäftsverbindungen, in irgend
einem überseeischen Weltteil, meist mit einer Reise
um die Welt verbunden.

Von den umfassenden Kenntnissen eines Hanseatischen Grosskaufmannes macht man sich im Inlande nur schwer einen Begriff. An Quantität des
zu verarbeitenden Stoffes, von dessen richtiger
Beurteilung, was nicht zu vergessen, Ehre und
Existenz abhangen, an Umfang und Vielseitigkeit
des Gebietes, das nicht nur gekannt, sondern be-

herrscht sein muss, kommen ihm wenige Gelehrte
gleich.

Die Sitte, hinauszugehen, besteht nicht nur für
die weniger bemittelte Klasse, die ihren Weg erst
machen will, sondern sie ist ebenso verbindlich für
die Söhne der wohlhabenden und reichen Familien.
Und man geht nicht nur auf eine kurze Orientierungs-
fahrt über den Ozean, sondern meist auf Jahre.
Das Lebensalter von 20—30 ist in einer Hamburger Gesellschaft selten zu treffen. In vielen
grossen Häusern pflegt seit Generationen einer der
Söhne durch ein Jahrzehnt die Filiale an einem
überseeischen Handelsplatze zu leiten. Der Hamburger Kaufmannsstand verdankt dieser Gewohnheit
seine innige Vertrautheit mit den Bedürfnissen und
Zuständen aller überseeischen Länder der Welt,
sowie eine umfassende und eingehende Personen-
kenntnis. Diese hat für den Hamburger Handel
eine ganz besondere Bedeutung. Sie ist die Basis
der eigenartigen, auf persönlichem Vertrauen be-
ruhenden Kreditverhältnisse, durch die die Hamburger Firmen auf die emporstrebenden Länder,
mit denen sie in Verbindung stehen, einen so
ausserordentlichen Einfluss ausüben. Ein beträcht-
licher Teil ihres Erfolges im Kampfe mit der
englischen und französischen Kaufmannswelt beruht auf diesem Vertrauensverhältnis. — Dass oft
endlose Entbehrungen und grosse Gefahren mit
dem Leben im Auslande verknüpft sind, darf
nicht übersehen werden. In allen Familien lassen

sich Opfer zählen, die das mörderische Tropen-
klima gefordert hat, und wer zurückkehrt, hat oft
jahrelang mit den Leiden zu kämpfen, denen
unsere Konstitution in den heissen Zonen ausgesetzt ist. Auf diesem Schlachtfelde sind im letzten
Jahrhundert zahllose Pioniere Deutschlands aus
Hamburger Familien gefallen, und dass der kleine
Freistaat an der Elbe den Handelsmächten des
Auslandes gegenüber aus eigener Kraft sich hat
behaupten können, das dankt er nicht in letzter
Linie dieser sang- und klanglos dahingesunkenen
Schar. Bestände die Sitte, die Namen der im
ökonomischen Kampfe Gebliebenen auf Gedächt-
nistafeln der Nachwelt aufzubewahren, die Wände
aller Kirchen der Stadt würden nicht Platz genug
bieten, sie unterzubringen.

Bis gegen das vierzigste Jahr pflegt das Geschäft den Mann ausschliesslich in Anspruch zu
nehmen. Wer dann noch Lust und Kraft in sich
fühlt und das besondere Vertrauen seiner Mitbürger
geniesst, tritt in die Staatsverwaltung und Regierung
als ein Mann von gereifter Erfahrung. Auch hier
dient er von unten auf. Wer das höchste Ziel an-
strebt, den Sitz im Senat, lernt als Mitglied der
Bürgerschaft und eines der Ministerien (Baudepu-
tation, Finanzdeputation) die Verwaltung des Staates
praktisch kennen.

Durch die Gemeinsamkeit der Interessen und
die gemeinsame Thätigkeit in Verwaltung und Regierung ist der Juristenstand mit dem des Kauf-

mannes enger als anderswo verbunden. Und zwar
sind es nicht die juristischen Beamten, sondern die
Anwälte, die den grössten Einfluss ausüben. Aus
ihrer Mitte, nicht aus den Beamten, pflegen die
juristischen Senatoren erwählt zu werden, und aus
diesem Teil des Senates gehen fast ausnahmslos die
regierenden Bürgermeister hervor.

Juristen und Kaufleute haben auch in der Hamburger Gesellschaft die Vorherrschaft. Seltener begegnet man darin dem Vertreter der Wissenschaft,
noch seltener dem Künstler und fast nie dem
Schriftsteller.

❁

In den letzten fünfzig Jahren hat sich das Leben
des Kaufmannes vollständig neu aufgebaut.

Bis gegen 1840 war seine Thätigkeit intermit-
tierend und liess ihm viel Musse zur Pflege geistiger
Interessen. An den Posttagen steigerte sich die
Thätigkeit. Im übrigen gab es Ruhe. Der Kaufmann war Besitzer seiner Waren, er kaufte, lagerte
und verkaufte.

Mit dem Aufkommen des Dampfschiffes, der
Eisenbahn und des Telegraphen änderte sich die
Lage von Grund aus. Neben dem Kaufherrn alten
Stils erhob sich der neue Typus des Spediteurs,
der die Waren nicht mehr besitzt. Nun wurde
jeder Tag zum Posttag. Mit verhältnismässig geringen

Mitteln musste der Konkurrenz Englands und Frank-
reichs begegnet werden, deren Kaufmannschaft un-
erschöpfliche Hülfsquellen im Nationalvermögen
zur Verfügung hatte. Was in Hamburg an Mitteln
fehlte, musste durch Mehrarbeit eingebracht werden.
Auf diesem Wege und durch die vorübergehende
Auswanderung der besten Elemente wurde u. a.
der Handel der spanischen Kolonien in Amerika
für Deutschland gewonnen. Und weil daheim der
Tag vom frühen Morgen bis in die Nacht —
manche arbeiteten bis nach zehn Uhr — dem Geschäft gehörte und drüben die Möglichkeit der
Pflege künstlerischer Interessen gering war, ging die
Kraft und Intelligenz dieser Generation der deutschen
Kulturarbeit scheinbar verloren.

Ein äusseres Zeichen für den Wandel der Zei-
ten: Bis gegen 1860 war fast der gesamte durch
Generationen gepflegte und vermehrte Hamburgische
Kunstbesitz an Bildern alter Meister unter den Ham-
mer gekommen und in alle Winde geweht. Nach
Hunderten zählten die Auktionen.

Man hat den Hamburgern dieser Generation
vom Inlande aus oft den Vorwurf materieller Ge-
sinnung gemacht. Wie so vieles, das über Hamburg gesagt wurde, beruht auch dieses Urteil auf
Unkenntnis oder Verkennen der Sachlage. Die
bürgerliche Gesellschaft des Inlandes war — und
ist noch — um kein Haar idealistischer gesonnen,
nur dass ihr Materialismus andere Formen hat.
Und wenn man überschaut, was das Bürgertum

Hamburgs im letzten Jahrhundert aus sich heraus
für die Förderung des öffentlichen Wohles geleistet
hat, so fragt sich sehr, ob es irgend eine deutsche
Stadt giebt, die auf den Vortritt Anspruch machen
könnte.

❀

Was in den übrigen deutschen Staaten für Kunst
und Wissenschaft geschehen ist, ging vom Fürsten
aus, war ein Ausbau von Grundlagen, die er gelegt
hatte, oder geschah unter der Ägide der Organe
des Staates, der die Erbschaft des absoluten Fürsten-
tumes angetreten hatte.

In Hamburg hatten bis vor ganz kurzer Zeit die
Organe des Staates in Kulturdingen keine Initiative.

Für den Staat trat der Bürger ein. Auf allen
Gebieten war der Hergang derselbe. Stellte sich
irgendwo ein Bedürfnis heraus oder liess es sich
voraussehen, so trat ein einflussreicher Mann mit
seinen Freunden zu einem festgefügten Verein oder
zu einem loser verbundenen Komitee zusammen,
warb um Mittel, gründete das Institut, organisierte
die Verwaltung, führte sie so lange weiter, wie es
mit Privatmitteln möglich war, und übergab sie
dann dem Staate.

Dieser Weg mag seine Schattenseiten haben,
aber man wird ihn nicht geringachtend behandeln
dürfen. Wo könnten Beamte des Staates so frei

und unakademisch die Form für das Neue finden
wie die unabhängigen, durch keine Rücksichten
gehinderten Bürger! Was verfehlt oder nicht recht
lebensfähig war, ging spurlos zu Grunde und brauchte
nicht, wie eine Gründung des Staates, Generationen
hindurch künstlich erhalten zu werden.

❀

Diese Form der Neubildung ist so typisch für
Hamburg, dass die wichtigste der vielen Gesellschaften, die sich gemeinnützige Aufgaben gestellt
hatten, mehr als ein Jahrhundert lang Hamburg
geradezu regiert hat. Es gab Zeiten, in denen ihr
Einfluss thatsächlich weiter reichte als irgend ein
Organ des Staates.

Freilich lebte sie im Grunde nur in einer um-
gewechselten Dekoration: in ihrem Vorstande sassen
dieselben Männer, die im Senat und in der Bürgerschaft durch die starren Formen des Verfassungs-
lebens am freieren Wirken behindert wurden.

Von 1765, ihrem Gründungsjahre, bis gegen
1870 war die Gesellschaft zur Förderung
der Künste und nützlichen Gewerbe etwas
wie ein freiwilliges Kultusministerium, das zugleich
die Funktionen eines Parlaments ausübte. Bis 1859
boten ihre Versammlungen die einzige Möglichkeit,
Hamburgische Angelegenheiten öffentlich zu be-
sprechen. Die Sitzungen der Erbgesessenen Bürger-

schaft fanden unter dem Siegel des Amtsgeheimnisses statt, und es wurden nur ihre Beschlüsse veröffentlicht. — Beim Wiederaufbau der Stadt überliess der Staat der Gesellschaft den Platz, an dem das Rathaus gestanden hatte, zur Errichtung ihres Klubhauses, und bis zur Vollendung des neuen Rathauses tagt die Bürgerschaft in den Räumen des „Patriotischen Hauses".

Dies zeugt von dem unbegrenzten Ansehen und Vertrauen, dessen die Gesellschaft sich erfreute.

Von den Behörden, denen in anderen Staaten ihre Thätigkeit obliegt, unterscheidet sie sich durch ihre Organisation, die nicht auf die Verwaltung, sondern auf die Initiative gestellt ist.

Was die „Patriotische Gesellschaft", wie der Volksmund sie in ehrender Kürze nennt, geleistet hat, lässt sich nicht leicht überblicken. Von ihr sind beinahe alle Unternehmungen zur Förderung der kulturellen und ökonomischen Wohlfahrt ausgegangen. Sie gründete die gewerblichen Lehranstalten und leitete sie ein Jahrhundert hindurch, bis der Staat sie in die Gewerbeschule umwandelte, deren Organisation für die Berliner Anstalten das Vorbild abgab; zu einer Zeit, wo die neuen Gedanken sich langsamer verbreiteten und die moderne Konkurrenz noch nicht erwacht war, machte sie alle Verbesserungen im Landbau, Gartenbau, in der Schiffahrt und Industrie bekannt, und wo immer sich ein Bedürfnis zeigte, erliess sie Preisausschreiben für Lösungsvorschläge; sie hat das Armenwesen

reorganisiert, gründete die ersten Rettungsanstalten
für Schiffbrüchige, die allgemeine Versorgungs-
anstalt, die Kreditkasse für den Grundbesitz, sorgte
für die Verbesserung des Adressbuches, gründete
die Stadtpost, richtete öffentliche Badeanstalten ein
— die ersten in Deutschland —, gründete das erste
Seebad, die erste Korndampfmühle, entwarf die
Pläne für die Navigationsschule und die Sternwarte,
erliess am Anfange unseres Jahrhunderts ein Preisausschreiben für die Kanalverbindung zwischen Elbe
und Weser, gründete eine Bibliothek, ein Leseinsti-
tut, den Bildungsverein für Arbeiter und ist bei der
Gründung des botanischen Gartens, der Kunsthalle,
des Museums für Kunst und Gewerbe beteiligt,
wie sie auch das Ausstellungswesen in Hamburg
begründet hat.

Gegen 1870 hatte der Staat fast alle ihre In-
stitute übernommen. Dann trat sie begreiflicher
Weise eine Zeit lang vom Schauplatz ab, bis sie
in jüngster Zeit auf sozialem Gebiete neue Aufgaben gefunden hat. Sie hat eine Anstalt für
Arbeitsnachweis gegründet und einen Ausschuss für
Arbeiterwohlfahrt eingesetzt, der namentlich die
Wohnungsfrage prüfen soll. Sodann hat sie sich
die Einrichtung von öffentlichen, über Stadt und
Vororte verteilten Bibliotheken und Lesehallen
vorgenommen und sucht die Blumenpflege in der
Familie des weniger Bemittelten zu fördern. Für
das Jubelfest der Einweihung ihres Hauses, das in
diesem Jahre bevorsteht, verheisst sie die lang-

ersehnte geschichtliche Darstellung ihrer Wirksamkeit in den hundertzweiunddreissig Jahren ihres
Bestehens. Die lebende Generation konnte sich nur schwer
ein Bild von ihrer umfangreichen Thätigkeit machen
und von dem angeregten Leben, das sie zur Zeit
ihrer Blüte entfaltete. Wer heute den Organismus
einer solchen Gesellschaft am lebendigen Körper
studieren will, muss nach Lübeck gehen, wo die
Gemeinnützige Gesellschaft aus Privatmitteln noch
fast alle von ihr ins Leben gerufenen Anstalten
verwaltet, Neugründungen unternimmt und zugleich
den Mittelpunkt eines überaus regen geistigen und
geselligen Lebens bildet. Es wäre eine nützliche
Aufgabe für einen Nationalökonomen, die Wirksamkeit dieser Gesellschaften einmal in einer lebendigen Schilderung darzustellen.

✸

Die Patriotische Gesellschaft stellt in Hamburg
den höchstentwickelten Typus der Vereinigung pri-
vater Kräfte für die Förderung des öffentlichen
Wohles dar. Neben ihr wirken zahlreiche Vereine
und Gesellschaften für besondere Zwecke, und
darüber hinaus bemüht sich der Gemeinsinn des
Einzelnen, erkannten Bedürfnissen abzuhelfen. Zahl-
los ist die Reihe der milden Stiftungen, die allen
denkbaren Zwecken dienen und zum Teil in ferne

Epochen zurückreichen. Es ist bezeichnend, dass
die Paläste der milden Stiftungen aller Art, die hie
und da ganzen Stadtvierteln den Charakter auf-
drücken, eines der Hauptgebiete der monumentalen
Baukunst in Hamburg ausmachen.

III.

Was in Hamburg für die Pflege der bildenden
Kunst geschehen ist, geht in letzter Linie ebenfalls
auf die Initiative von Privatleuten zurück.

Fast ein Jahrhundert solcher Bestrebungen liegt
nun hinter uns, von Generation zu Generation wurde
das Begonnene weitergeführt und Neues geschaffen,
denn stetig thaten sich neue Ziele auf, deren logische
Reihenfolge freilich erst heute dem rückschauenden
Blicke sinnfällig wird.

Im ersten Jahrzehnt erschien dem Genius des
P h. O. R u n g e der Boden günstig für die Entwickelung der neuen Kunst, die er voraussagen konnte,
weil er sie in sich trug. Er wollte keine Akademie
gründen, sondern eine grosse Werkstatt, in der alle
künstlerischen Aufgaben bis zu Tapeten und Nadel-
arbeiten ausgeführt werden sollten. Die Kriegs-
zeiten und sein früher Tod — 1810 — verhinder-
ten die Ausführung.

Im Jahre 1818 hatte sich die Stadt so weit er-
holt, dass Kunstfreunde zu gegenseitiger Anregung

und Belehrung unter Harzens Ägide den ersten
Kunstverein begründeten. Von 1822 an trat dieser Kunstverein in eine
öffentliche Wirksamkeit ein. Ausstellungen, Ver-
losungen und die Herstellung von Vereinsblättern
bildeten seine ersten Ziele. Gegen 1840 wurde das Kupferstichkabinett,
gegen 1850 die Gemäldegalerie gegründet. Kaum
zehn Jahre später geschahen die ersten Schritte
zum Bau eines öffentlichen Museums, das die ge-
sammelten Schätze aufnehmen sollte, und wieder
zehn Jahre später, 1869, wurde die Kunsthalle er-
öffnet, zu deren Erbauung nun schon der Staat
einen Beitrag gewährt hatte, und deren Verwaltung
er übernahm.

Das war ein Ziel, dessen Erreichung den Be-
gründern des Kunstvereins, die doch zu alledem
den Grund gelegt hatten, wie ein Märchen erschienen wäre.

Als das neue Gebäude bezogen wurde, gründe-
ten patriotische Männer den Verein von Kunstfreunden von 1870, eine Fortsetzung des seit mehr
als einem Jahrzehnt vorher thätigen Privatvereins
von Kunstfreunden, der es sich zur Aufgabe gestellt hat, die Mittel für die Stiftung hervorragender
Gemälde und Skulpturen zum Geschenk an das
Museum zu sammeln. Erst fünfundzwanzig Jahre
später wurde in Berlin ein ähnlicher Verein zur
Förderung der Ziele des Museums alter Kunst
gegründet, und es gehörte dort die Autorität

eines Mannes wie Bode dazu, dies Resultat zu erreichen.

So war in Hamburg von weitsichtigen Privatleuten das Museum der Stadt begründet und entwickelt. Wie immer, wenn ein Ziel erreicht ist,
trat eine Verlangsamung des Fortschrittes ein. Aber
diesmal nur für kurze Zeit. Was nach den zehn-
jährigen Etappen um 1870 zu erwarten gewesen
wäre, trat 1886 ein, die Reorganisation des neuen
Institutes.

Es wurde von der Verwaltung eng an den heimischen Boden angeschlossen. Eine Sammlung älterer
Hamburgischer Meister wurde begründet und zu
ansehnlicher Bedeutung entwickelt, eine Sammlung
Hamburgischer Meister des neunzehnten Jahrhunderts,
die jetzt mehr als hundertfünfzig Bilder umfasst,
erschloss einen Blick in eine von der Kunstgeschichte
bisher gänzlich vernachlässigte Provinz der deutschen
Kunst; eine dritte Galerie, die Sammlung von Bildern aus Hamburg, ebenfalls zu stattlichem Umfange
herangewachsen, umfasst die Werke hervorragender
Künstler, die nach Hamburg eingeladen waren, um
Land und Leben zu malen.

Diese Sammlung wurde 1889 von einem Komitee
von Kunstfreunden begründet, das nacheinander
Max Liebermann, Gotthard Kühl, Skarbina, Hans
Herrmann, Leopold Graf von Kalckreuth d. J.,
Hans Olde, Ludwig Dettmann, Momme Nissen,
Schönleber, Zügel u. a., sowie die Hamburgischen
Künstler Thomas Herbst, Ascan Lutteroth, Carl

Rodeck, Valentin Ruths zum Studium Hamburgs
und seiner Umgebung eingeladen hat. Als höchstes
Ziel hat sich dieses Komitee die Pflege des monumentalen Bildnisses gestellt.

Die Sammlung hat bereits in der kurzen Zeit
ihrer Existenz unverkennbare Wirkungen auf die
ältere und die heranwachsende Künstlergeneration
Hamburgs ausgeübt und fängt auch an, in der
Stimmung des Publikums, das bis dahin den Motiven
aus der Heimat nicht denselben Geschmack ab-
gewinnen konnte wie der Romantik der deutschen
Berge und der Sonne Italiens, einen Umschwung
zu Gunsten der Heimat hervorgerufen.

Was zuerst mit ungläubigem Lächeln angehört
wurde, ist die Überzeugung der Jugend geworden:
dass das Leben des Volkes und der Gesellschaft,
dass der Reichtum und die Mannigfaltigkeit der
Landschaft in Hamburg und seiner nächsten Umgebung, die Eigenart und malerische Kraft der Luft-
und Lichtstimmungen, die abwechselnd den tonigen
Charakter der Nordsee- und den koloristischen der
Ostseeatmosphäre tragen, der Malerei das köstlichste
Studienfeld bieten.

Seit die Sammlung von Bildern aus Hamburg
besteht, hat sich im Anschluss daran eine Schule
junger Künstler entwickelt, die entschlossen ist, den
heimischen Boden nicht zu verlassen und ihre Kraft
der Darstellung Hamburgs zu widmen. Damit ist
ein Programm aufgenommen, das in den dreissiger
Jahren der neugegründete Künstlerverein zuerst auf-

gestellt hat: Hamburgs Wesen durch die Kunst aus-
zudrücken.

Es will scheinen, als ob sie für ihre Bestrebungen ein tieferes Verständnis finden als ihre
Vorfahren. Die Oberschulbehörde hat ihnen eine
Aktklasse eingerichtet, die Kunsthalle hat eine Kupfer-
druckpresse für sie aufgestellt, um ihnen das Drucken
ihrer Radierungen zu ermöglichen, die Gesellschaft
Hamburgischer Kunstfreunde erwirbt ihre Platten
und giebt die Abdrucke an Hamburgische Sammler
ab, und es hat sich bereits eine Gruppe von Samm-
lern gebildet, die ihre Bilder kauft. Ohne diese
Teilnahme würden ihre Bestrebungen in der Luft
stehen. Dass sie auch Opposition finden, ist natür-
lich. Aber der Widerstand macht gesund. Er wird
sie eher zum Einsetzen ihrer ganzen Kraft zwingen,
als wenn alles auf Königswegen ginge, und wird
sie vor Überhebung bewahren.

Auch die Sammlung von modernen, namentlich
französischen Plaketten und Medaillen, die von
Freunden des Institutes ausdrücklich als Anregung
zur Reform des Hamburgischen Medaillenwesens
gestiftet wurde, hat ähnliche Wirkung gehabt, denn
der Staat hat beschlossen, seine Medaillen auf Grundlage der neuen Ideen umzugestalten, und es sind
in diesem Sinne bereits eine Anzahl Medaillen hergestellt, die in ihrer Art zu den besten in Deutschland gehören, und für den neuen Zentralfriedhof
scheint sich die Bronzeplaquette als neuer Typus
des Gräberschmuckes einzubürgern.

Ähnliche Anregung dürfte die von Kunstfreunden begründete Sammlung von Bildwerken in
Marmor und Bronze ausüben.

So weit sind diese modernen Kunstsammlungen
durch die Teilnahme vieler einzelner Kunstfreunde,
Vereine und Stiftungen entwickelt. Die Sammlung
moderner Meister nimmt unter den deutschen Gale-
rien eine der ersten und eine ganz eigenartige
Stellung ein. Die Aufgabe des Staates wird es nun
sein, durch Erwerbung von Kunstwerken höchsten
Ranges dem Werke die Weihe zu geben.

Auch das Museum für Kunst und Gewerbe ist
aus der Initiative opferwilliger Bürger hervorgegangen.

Nachdem schon von den dreissiger Jahren ab
Mitglieder des Kunstvereins, dem ja auch — was
nicht vergessen werden darf — Semper angehört
hatte, in öffentlichen Vorträgen und dann nach dem
grossen Brande durch die künstlerische That eine
Wiederbelebung der dekorativen Künste auf der
Basis des Studiums der heimischen Produktion älterer
Epochen angestrebt hatten, waren um 1860 von
der Patriotischen Gesellschaft verschiedene Anläufe
gemacht, ein historisch-technologisches Museum für
das Gewerbe zu gründen. Aber erst als zu Ende
der sechziger Jahre Justus Brinckmann auftrat, fanden
die aus einander gehenden Wünsche die einigende
Hand. Das Museum für Kunst und Gewerbe wurde
begründet — zunächst als Privatunternehmen, wie
in Hamburg herkömmlich, und dann als Staats-
institut, aber unter stetig sich steigerndem Interesse

und opferwilliger Beihülfe der ganzen Bevölkerung zu
dem grossartigen Institut ausgebildet, das in mehr
als einer Beziehung vorbildlich geworden ist, und
dessen Ansehen weit über Deutschlands Grenzen
hinausgeht.

Von allen Hamburgischen Museen ist dies das
bekannteste. Es lässt sich nicht abschätzen, was
die Stadt ihm dankt. Für die japanische Kunst ist
es das bedeutendste Museum des Festlandes, und
in allen seinen zahlreichen Abteilungen trägt es
den Charakter einer sehr gewählten Privatsammlung.
Das ist das höchste Lob, das einem öffentlichen
Museum gespendet werden kann. — Wie sein Name
sagt, hat es in allem das künstlerische Element
vorangestellt. Es konnte deshalb als erstes unter
den deutschen Gewerbemuseen den Schritt zur Erwerbung von Erzeugnissen der dekorativen Kunst
unserer Zeit machen, so wie sie begann, die Nachahmung des Alten aufzugeben und neu zu schaffen
im Anschluss an die lebende hohe Kunst. Es war
z. B. das erste Museum, das der neu entstandenen
Plakatkunst Aufnahme gewährte.

Im Zusammenhange dieser Betrachtungen muss
hervorgehoben werden, dass es von der ersten Stunde
an bedacht war, die Reste heimischer Kunst zu
sammeln, und dass vergessene Zweige der einheimischen, zeitweise hoch entwickelten dekorativen
Künste durch das Museum für Kunst und Gewerbe
erst wieder zu Ehren gebracht sind.

Seit 1890 ist im künstlerischen Leben der Hamburger Gesellschaft eine neue Wendung eingetreten.

Die vorhergehenden Generationen hatten begründet und ausgebildet, was zur öffentlichen Kunstpflege gehört, und im Privatbesitz hatten sich grosse Sammlungen von Gemälden gebildet, die zum Teil, wie die von Amsinck, Behrens und Ed. Weber, zu den hervorragendsten in Deutschland gehören.

Von etwa 1880 ab lässt sich in Hamburg wie überall ein mächtiges Anwachsen des Dilettantismus beobachten. Als der Kunstverein in den zwanziger Jahren seine ersten Schritte that, war der Dilettantismus noch eine anerkannte Macht. Harzen und Rumohr konnten der jüngeren Künstlergeneration in der Ausübung der Kunst noch die Wege weisen. Dilettanten stellten auf den ersten Kunstausstellungen neben den Künstlern aus. Dann trat, nachdem der Künstlerstand als solcher sich entwickelt hatte, eine schroffe Scheidung ein, die mit dem Zurückweichen des Dilettantismus endigte. Dass es immer noch einzelne Dilettanten gab, dass Zeichnen und wohl auch Malen in der Erziehung einen Platz hatten, war mehr ein belangloses Beiwerk.

Am Anfange der neunziger Jahre begann sich der neuaufgelebte Dilettantismus, der das Studium ernst nahm, zu organisieren. Nachdem der Kunstverein und der Verein von Kunstfreunden den öffentlichen Betrieb der Kunstpflege begründet hatten, suchte der Dilettantismus nunmehr das künstlerische Bedürfnis des Individuums und des

Hauses zu verfeinern. Welche Massnahmen die
beiden neuen Gesellschaften ergriffen, habe ich in
der Schrift „Vom Arbeitsfelde des Dilettantismus"
darzulegen versucht. Ihre Bestrebungen sind eine
folgerichtige Weiterentwickelung der Absichten der
vorhergehenden Geschlechter.

Neben der Gesellschaft Hamburgischer Kunstfreunde und der Gesellschaft zur Förderung der
Amateurphotographie wirkt sodann seit 1896 die
Vereinigung zur Pflege der künstlerischen Bildung
in der Schule. Es ist ein Kreis von Lehrern und
Lehrerinnen, der sich — ebenfalls im Anschluss
an die Kunsthalle — praktisch erreichbare Zwecke
gesteckt hat. Bildende Kunst, Litteratur, Musik
und das künstlerische Element in der Gymnastik
werden von den einzelnen Sektionen bearbeitet.
Die Oberschulbehörde gewährt ihnen innerhalb der
sachlich gebotenen Grenzen freien Spielraum.

Auf dem Gebiete der bildenden Kunst wird
eine Weiterbildung des Zeichenunterrichtes in künst-
lerischem Sinne angestrebt. Die zu Hamburg er-
scheinende Jugendschriftenwarte versucht dem Un-
wesen der künstlerisch und litterarisch gleichgültigen
Spekulation auf dem Gebiete der Jugendschrift
kritisch gegenüber zu treten. Eine grosse Ausstellung in der Kunsthalle, von den Lehrern für
den Deutschen Lehrertag 1894 veranstaltet, führte
an einem ausserordentlich umfangreichen Material
die historische Entwickelung der Jugendschrift und
die gegenwärtigen Leistungen der Kulturvölker vor

Augen. Verzeichnisse empfehlenswerter Jugend-
schriften werden zu Weihnachten den Eltern zu-
gestellt. Die hervorragendsten Kunstwerke in den
öffentlichen Sammlungen werden mit den Kindern
betrachtet.

In den Volksschulen soll der Versuch gemacht
werden, auf der Basis der Kunst etwas wie eine
Schulgemeinde zu gründen. Die Kinder der oberen
Klassen und ihre Eltern werden zu Unterhaltungs-
abenden eingeladen, an denen Vorlesungen aus
den Werken älterer und neuerer Schriftsteller mit
Quartettmusik und Chorgesang wechseln. Es wird
Nachdruck darauf gelegt, dass bei sorgfältiger Aus-
wahl des zum Vortrag Gelangenden der lehrhafte
Anstrich vermieden wird. Nach den ersten Ver-
suchen zu urteilen, erscheint diese Einrichtung in
hohem Grade entwickelungsfähig.

Die Seele dieser Bestrebungen bilden die Lehrer
an den Volksschulen, die überhaupt im geistigen
Leben Hamburgs eine Rolle spielen. Die Gründung der Litterarischen Gesellschaft ist von ihnen
ausgegangen, einige der namhaftesten Hamburgischen Schriftsteller gehören ihnen an oder stehen
ihrem Kreise nahe. Es wirft ein scharfes Licht auf
die Isolierung der Hamburger Gesellschaft, dass die
Volksschullehrer den persönlichen Verkehr mit den
hervorragenden Schriftstellern des Inlandes ver-
mitteln.

Aus der vornehmen Gesellschaft heraus hat sich
in den letzten Jahren eine Vereinigung gebildet,
die auch den weniger bemittelten Schichten die
edelsten musikalischen Genüsse zugänglich zu
machen bestrebt ist. Für ein Eintrittsgeld von
fünfzig Pfennig, das Garderobengeld und Programm
einschliesst, wird im Winterhalbjahr eine Reihe
von Konzerten ersten Ranges abgehalten. Der
Staat zahlt diesem Verein von Musikfreunden einen
Jahreszuschuss von 20 000 Mark.

IV.

Fasst man alle die günstigen Bedingungen zusammen, die in Hamburg für die Entwickelung einer
einheimischen Kunst und Litteratur vorhanden sind,
die Wohlhabenheit, die nicht im Vorhandensein
vieler grosser Vermögen im internationalen Sinne,
sondern in den auskömmlichen Verhältnissen breiter
Schichten ausgesprochen ist, das tiefe Interesse
an allem, was Hamburgisch ist, die Fähigkeit der
Initiative und der leidenschaftlichen, wenn auch
äusserlich ruhigen Hingabe an gemeinnützige Unternehmungen — dann nimmt es wunder, dass dieser
Boden sich in unserem Jahrhundert für Kunst und
Wissenschaft scheinbar so wenig ergiebig gezeigt hat.
Eine Hamburgische Architektur gab es im achtzehnten Jahrhundert, als die Grosse Michaeliskirche

gebaut wurde, das originelle Bauwerk, dessen gross-
artiger Innenraum heute mit Notwendigkeit zur
Festkirche des Staates geworden ist; gab es im
Grunde noch bis zum Anfange der vierziger Jahre,
als Chateauneuf — ein Hamburger französischer
Abkunft — die palastartigen Stadthäuser, die
wundervollen Treppen der Kleinen Alster und in
bewusster Anknüpfung an einheimische Baugedanken — nicht Bauformen — des achtzehnten Jahrhunderts das Postgebäude errichtet, als Bülau in
demselben Sinne das Haus der Patriotischen Gesellschaft baute und für einzelne Privathäuser in
freier Benutzung auf die Backsteinfassaden und
Treppengiebel der alten Hansestädte zurückgriff.
Dann wurden diese Bestrebungen unterdrückt. Da
Hamburg keine Bauschule besass, mussten seine
architektonischen Begabungen in Berlin, Hannover, München, Stuttgart, Karlsruhe und Paris
studieren, um in der Heimat anzuwenden, was sie
gelernt hatten, und jede Kraft schuf isoliert. So
entstand die Buntscheckigkeit des Architektur-
bildes der neuen Stadt, in dem sich alle Stile
Europas mischen, die englische Landhausgotik
eingeschlossen. Man sieht es heute auf einen Blick,
ob München, Hannover, Paris oder Berlin die
Parole ausgegeben hat. Es ist auch leicht, zu er-
kennen, dass diese neue Architektur in Hamburg
von Architekten stammt, die von keiner lebens-
kräftigen, selbständigen einheimischen Skulptur und
Malerei irgendwie befruchtet worden sind.

5*

Denn auch der Malerei und Skulptur in Hamburg fehlten nicht die Talente, sondern der Boden der Heimat. Die Stadt bot den aufstrebenden Talenten keine Möglichkeit, zu Hause zu lernen, was an der Kunst lernbar ist. Auch sie waren gezwungen, sich auf die Akademien zu begeben. Viele gingen dadurch der Vaterstadt für immer verloren. Wer zurückkehrte, hatte mit widrigen äusseren Verhältnissen zu kämpfen, und nur sehr wenige fanden sich selbst wieder und entwickelten in der Stille ihre Begabung. Was sie im Anschluss an den heimischen Boden geschaffen haben, überrascht jetzt, wo die Kunsthalle es zu sammeln und zu Ehren zu bringen versucht, durch einen Grad von Gesundheit und Selbständigkeit, der der akademischen Kunst Deutschlands in unserem Jahrhundert nur ausnahmsweise eigen war. Am Anfange unseres Jahrhunderts entwickelte Ph. O. Runge ein Programm der Kunst der neuen Zeit, dessen Grenzen noch immer nicht ganz erfüllt sind. In den zwanziger Jahren entstand im Anschluss an die Panoramenmalerei unabhängig von jedem äusseren Einfluss eine moderne deutsche Landschaftsmalerei, deren weitere Entwickelung gestört wurde, als man die jungen Träger der neuen Ideen mit Stipendien auf die Akademien sandte. Um die Mitte der dreissiger Jahre malte Erwin Speckter, von der Lehre unter Cornelius und dem Studienaufenthalt in Italien zurückgekehrt, das Interieur mit dem Mädchen von Fanoe, das auf lange Zeit hinaus

das voraussetzungsloseste deutsche Oelbild geblieben
ist. Um die Mitte der vierziger Jahre hatte Hermann Kauffmann, dem missliche Verhältnisse zu
seinem Glücke die Rückkehr zur Akademie unmög-
lich gemacht hatten, eine schlichte Grösse und
Einfachheit erreicht, die ihn zu einer ganz einzigen
Erscheinung in unserer Kunst machen, um dieselbe
Zeit malte Valentin Ruths als Autodidakt seine
ersten köstlichen Bilder aus dem Hafen, deren
malerische Qualitäten sein späterer Lehrer Schirmer
nie gekannt hat, und im folgenden Jahrzehnt entwickelte sich Steinfurth, von Düsseldorf zurück-
kehrend, einsam schaffend, zu einem der besten
deutschen Bildnismaler.

Dass auch die Kunstindustrie mit Ausnahme
weniger Zweige sich nicht zu selbständiger Blüte
erheben konnte, wo eine eigenartige Architektur,
Malerei und Skulptur fehlten, bedarf keiner Ausführung.

❋

Immer weitere Kreise werden von dem Wunsche
durchdrungen, dass die Hamburgische Architektur
die Nachahmung fremder Vorbilder aufgeben und
im Anschluss an heimische Gedanken für die eigenartigen Bedürfnisse den eigenen künstlerischen Ausdruck finden möge; dass die in den kommenden
Generationen heranreifenden künstlerischen Talente

nicht gezwungen werden, den Boden der Heimat
zu verlassen, sondern dass ihre Ausbildung unter
dem Einfluss der heimatlichen Landschaft und des
eigenen Volksstammes stattfinden möge, damit sie,
getragen von einer Bevölkerung, die das Glück
fühlen lernt, Kunst mit zu erleben, im stande seien,
eine kräftige Lokalkunst zu schaffen, die einer
eigenartigen dekorativen Kunst zum Ausgangspunkte
dient.

Hamburg ist absolut in der Lage, eine ansehnliche lokale Produktion tragen zu können. Von
den auskömmlichen Mitteln, deren breite Schichten
sich erfreuen, liefert das finanzielle Ergebnis der
Ausstellungen den redenden Beweis. Bei der Hamburger Industrieausstellung von 1889 war jede
siebente Seele der Einwohnerschaft abonniert.

Weitgehende Wünsche bewegen die Gemüter
auch in Bezug auf die litterarischen Verhältnisse.
In den Kreisen derer, die die Entwickelung in
Hamburg beobachten, wird seit Jahren die Gründung einer Wochen- oder Monatsschrift ventiliert,
die vom Hamburgischen Standpunkte aus den Lauf
der Weltbegebenheiten verfolgt und der lokalen
Produktion als Gefäss dient. Versuche sind bisher
noch nicht gelungen, obgleich es an litterarischen
Kräften nicht fehlt und auf eine grosse Anzahl
von Abonnenten sicher zu rechnen ist.

Hamburg drückt sich noch nicht aus.

Die Institute und Gesellschaften, die die Bewohner Hamburgs als Organe ihrer kulturellen Be-

dürfnisse geschaffen haben, die immer erneuten
Bemühungen einzelner Kunstfreunde legen von der
grossen Kraft des Bodens, Kultur zu tragen, ent-
scheidendes Zeugnis ab. Wir verstehen diese
Zeichen als Glieder einer weit zurückreichenden
Kette, wenn wir uns erinnern, dass die Patriotische
Gesellschaft um die Mitte des vergangenen Jahrhunderts gegründet wurde, dass fast hundert Jahre
vorher Bürger Hamburgs sich zusammengethan
hatten, um das erste Opernhaus modernen Stils in
Europa zu bauen, das der deutschen Oper die
erste Möglichkeit der freien Entfaltung bot und in
der That die erste Blütenepoche dieser Kunst-
gattung unter Reinhold Kaiser herbeiführte, und
wenn wir uns vergegenwärtigen, welche Rolle das
Hamburger Theater in der Entwickelung der deutschen Litteratur gespielt hat.

Aber es fehlte im geistigen Leben Hamburgs
bis in die neueste Zeit ein Faktor, den ein Ge-
schlecht, das Neues gestalten möchte, gering zu
schätzen pflegt, der aber allein die Kontinuität eines
gesicherten Besitzstandes verbürgt, die Tradition.

Die Geschichte der Kultur in Hamburg bietet
dasselbe Bild unendlicher Umgestaltungen und Neubildungen wie die des Erdbodens und der Familien.
Grosse Vermögen werden schnell aufgebaut und
sinken, wenn die Kraft des Begründers zurück-
getreten und kein ebenbürtiger Nachfolger vorhanden ist, ebenso schnell in Trümmer. Jeder
Einzelne, jede Generation hatte von vorn zu be-

ginnen, war auf sich selber gestellt und sorgte wesentlich nur für die unmittelbar fühlbaren Bedürfnisse.

Dieses notwendige Element der Tradition kann in der beweglichen Masse der Individuen, die vorübergehen, nicht Wurzel fassen, sie ist auf das dauernde Prinzip, den Staat, angewiesen, wenn die Kultur über eine ungünstige Epoche hinweggerettet werden soll.

Man ist in Hamburg so sehr gewöhnt, die Pflege der Kultur als eine Angelegenheit individueller Initiative anzusehen, dass wohlmeinende Politiker ernstlich zweifeln, ob der Staat überhaupt die Aufgabe hat, pflegend und fördernd einzugreifen.

Aber so überraschend diese Auffassung in den Staaten mit ehemals absoluter Fürstenherrschaft sein mag, wo nach alter Gewohnheit vom Staate alles erwartet wird, so gesund ist sie im Grunde, und es wäre sehr bedauerlich, wenn das Gegenteil einmal in Hamburg Platz greifen würde.

Nur lässt sich der Standpunkt, dass der Staat die Sorge für die Kultur und die Initiative auf diesem Gebiete dem Privatmann gänzlich überlassen sollte, auf die Dauer nicht behaupten, und seit der Mitte dieses Jahrhunderts hat sich in Hamburg allmählich ein Umschwung vollzogen, der, von Fall zu Fall fortschreitend, dem Staate zunächst die Pflege der über die Möglichkeit der Unterhaltung aus Privatmitteln hinaus entwickelten Institute überantwortet und ihm schliesslich sogar die Initiative

zur Weiterführung und Neugründung zur Pflicht gemacht hat.

Vor fünfzig Jahren pflegte der Staat nur eine
höhere Schule, das Johanneum. Die Wohlhabenden
waren auf das Privatschulwesen angewiesen, die
niedrigeren Schichten auf einige Stifts- und Volksschulen. Heute hat das Schulwesen sein Über-
gangsstadium beinahe überwunden. Das gesamte
Volksschulwesen wurde in wenigen Jahrzehnten reorganisiert, eine grössere Anzahl höherer Staats-
schulen hat das Privatschulwesen zurückgedrängt,
das nur noch in den höheren Mädchenschulen seine
alte Stellung behauptet.

Zur selben Zeit hat der Staat die von ihm
übernommenen wissenschaftlichen Institute umgestaltet, erweitert und durch Neugründungen ver-
vollständigt, so dass ihr System heute dem Apparate
einer mittlern Universität gleichkommt, nur dass
es in dem musealen Teil und mit der Ausdehnung
und Einrichtung der Krankenhäuser weit darüber
hinausgreift.

Seit einigen Jahren hat die Oberschulbehörde
ein öffentliches Vorlesungswesen eingerichtet, dem
das Publikum aller Stände das lebhafteste Interesse
entgegenbringt. Das Verzeichnis der Vorlesungen
umfasst bereits alle Gebiete der Wissenschaft.
Dozenten sind die Direktoren der wissenschaftlichen Institute, Geistliche, Lehrer der höheren
Schulen und für einzelne Fächer Professoren deutscher Hochschulen. Die Teilnahme, mit der ge-

rade die gebildeten Klassen diese Einrichtung ver-
folgen, liefert den Beweis, dass ein Bedürfnis,
Anregung zu empfangen, lebhaft gefühlt wird.
Wie weit sich dieses Institut entwickeln wird,
steht noch dahin. Es hat bereits eine lebhafte
Bewegung in Scene gesetzt, und die schon in
früheren Zeiten wiederholt diskutierte Idee einer
Hamburgischen Universität beschäftigt viele Köpfe.
Wenn darüber debattiert wird, pflegen die kulturellen
und politischen Gesichtspunkte, die dafür sprechen,
in den Vordergrund gestellt zu werden, und man
erinnert sich daran, dass Hamburg in dem jetzt in
eine Reihe wissenschaftlicher Institute aufgelösten
Akademischen Gymnasium eine Anstalt besessen
hat, die im siebzehnten Jahrhundert Rang und
Funktionen einer Universität besass.

Alles deutet darauf hin, dass die Thätigkeit
des Staates auf allen diesen Gebieten in Zukunft
noch weitere Ausdehnung erfahren wird.

Neubildungen fallen allerdings den Organen
des Staates, die nicht experimentieren dürfen, in
Hamburg so schwer wie anderswo, aber es steht
zu hoffen, dass hier die alte Gewohnheit der selbständigen Schöpferthätigkeit des Bürgers durch den
prinzipiellen Umschwung in der Beteiligung des
Staates nicht leiden wird.

Wie überall und jederzeit, stehen auch in Hamburg zwei Generationen mit auseinander gehenden
Anschauungen und Wünschen sich gegenüber.

Die ältere, die den Wohlstand der Stadt herauf-
geführt hat, sieht nicht ohne Bedenken, dass die
jüngere diese materielle Grundlage zum Ausgangspunkte der Entwickelung einer eigenartigen nationalen Kultur Hamburgischer Färbung wählen will.
Man hatte sich, nachdem die internationale Konkurrenz die Anspannung aller Kräfte in Anspruch
genommen hatte, an die Auffassung gewöhnt, Hamburg ausschliesslich als ein Handelsorgan des
Reiches aufzufassen und zu übersehen, was frühere
Epochen in Hamburg für die deutsche Kultur geleistet haben.

Die jüngere Generation will sich damit nicht
begnügen. Sie sieht in einer selbständigen Blüte
der einheimischen Kunst und Wissenschaft nicht
nur ein Moment vermehrten Wohlbehagens, das
sich auch zur Not entbehren liesse, sondern eine
politische Angelegenheit, von der das Ansehen
des Staates und die Sympathie, die ihm von den
anderen Gliedern des Reiches entgegengebracht
wird, wesentlich mit abhängt. Und in den Im-
ponderabilien der Wertschätzung und Sympathie
im Reich hat sie hervorragende politische Fak-
toren erkannt, auf deren Einfluss sie nicht zu ver-
zichten gewillt ist.

Hamburg wird im Verzeichnis der deutschen
Staaten an allerletzter Stelle aufgeführt, als wirt-

schaftliche Macht hat es seinen Platz gleich nach
den Königreichen. Dass es auch als Pflegerin
deutscher Bildung, Kunst und Wissenschaft denselben Rang erlangen möge, den es in der Öko-
nomie der Nation innehält, das ist der Wunsch
und das Streben der „Jungen" in Hamburg.

www.ingramcontent.com/pod-product-compliance
Lightning Source LLC
Chambersburg PA
CBHW021527270326
41930CB00008B/1132